기술보증기금·기술금융기관 채용대비 논술&면접

기술경제와 경제발전

차우준 저

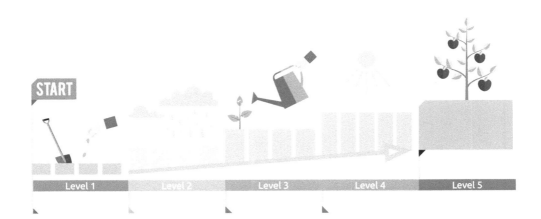

내하출판사

국내에서 기술평가 및 기술금융 전문가에 대한 수요는 지속적으로 발생하고 있다. 어쩌면 그 수요는 증가하고 있다고 말하는 것이 더욱 정확한지도 모르겠다. 그 이유는 기술보증기금과 시중은행들, 여러 기술금융기관들이 혁신적인 기술·벤처기업에 대한 금융 지원을 확대하고 있기 때문이다.

그러나 기술금융 전문가를 희망하는 수험생들에게 기술보증기금·기술금융기관의 채용시험은 결코 녹록치가 않다. 기술보증기금의 경우, 입사를 하기 위해서는 박사학위 취득자나 변호사, 회계사, 일반지원자 모두 서류전형과 필기시험, 1·2차 면접시험을 통과해야만 한다. 필기시험(특히, 논술시험)과 면접시험은 기관에 대한 이해를 묻는 문제들, 기술기업 및 기술금융에 대한 문제들이 출제되고 있어, 평소 관련된 내용들을 관심 있게 찾아보지 않았다면 어려움을 느낄 수밖에 없다. 시중은행이나 기술평가기관 등의 채용시험에서도 이러한 상황은 비슷하게 나타난다.

이 책은 기술보증기금의 지원자들과 기술금융기관의 예비전문가들, 현재 기술금융 업무를 담당하고 있는 전문가들을 위해서 집필되었다. 기술과 자본의 관계, 기업가의 기술혁신, 기술창업과 경제발전, 기술금융의 의미, 기술보증기금·기술금융기관의 역할 등 기술금융 전문가들에게 필요한 내용들이 본문에 충실히 수록되었다. 꼭! 이 책을 정독하기 바라며, 함께 수록된 문제들도 풀어보기 바란다. 그렇게 한다면, 여러분은 원하는 결실을 맺을 수 있을 것이다. 또한 기술보증기금 등에 입사를 한 이후에도 이 책을 곁에 두고 종종 펼쳐보기 바란다. 그렇게 한다면, 자신이 수행하고 있는 업무, 즉 기술금융 업무에 대한 의미를 되새길 수 있을 것이다.

모쪼록 여러분 모두가 좋은 결실을 맺는 데 이 책이 실질적으로 도움이 되기를 바란다.

CONTENTS

기술경제와 경제발전

조지프 슘페터와
21세기 대한민국

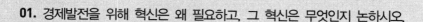

01. 경제발전을 위해 혁신은 왜 필요하고, 그 혁신은 무엇인지 논하시오.

02. 조지프 슘페터의 경제이론이 한국에서 왜 주목받고 있는지 생각해보고, 현재 한국 경제에 그의 경제이론이 어떠한 도움이 될 수 있는지 논하시오.

03. 4차 산업혁명을 주도하기 위해 우리 기관이 어떠한 역할을 할 수 있고, 본인은 우리 기관에서 어떠한 기여를 할 수 있는지 말하시오.

04. 본인이 알고 있는 경제발전에 기여한 기업가와 자본가, 혁신의 사례가 있다면 말하시오.

05. 혁신적인 기업가의 기업활동은 경제발전뿐 아니라 다른 영역에도 상당한 영향을 미친다. 이에 대해서 사례와 함께 논하시오.

06. 기업가에 대하여 본인이 알고 있는 대로 설명하시오.

조지프 슘페터와 21세기 대한민국

21세기에 들어서 각광을 받고 있는 20세기의 경제학자가 있다. 그는 바로 조지프 슘페터(Joseph A. Schumpeter)이다. 그의 저서 및 논문들에 대한 피인용 횟수가 21세기에 들어서 급증하는 현상을 통해 현재 그의 이론이 얼마나 주목받고 있는지를 짐작해 볼 수 있다.

조지프 슘페터는 기업가의 역할에 주목했다. 거시적인 측면에서 정부의 역할이나 화폐시장, 시장의 원리 등으로 경제현상을 설명하고 경제이론을 주장했던 그 당시의 주류 경제학자들과는 달랐다. 경제현상을 설명하고 경제이론을 도출함에 있어서 그 이전까지는 기업가의 역할과 중요성에 크게 주목하지 않았기 때문이다. 그는 경제활동의 한 주체인 기업가가 행하는 혁신, 즉 '새로운 결합'을 통해서 경제구조가 변화되고, 경제발전이 이루어진다고 보았다.

조지프 슘페터의 대표저서인 <경제발전의 이론>을 보자. '제2장. 경제발전의 기본현상'에서 새로운 결합의 수행이라는 개념이 나오는데, 그것은 다음의 다섯 가지 경우를 포함하고 있다.[1]

01. 새로운 재화, 즉 소비자들이 아직 모르는 재화 또는 새로운 품질의 재화를 생산한다.

02. 새로운 생산방법, 즉 해당 산업부문에서 사실상 알려지지 않은 생산방법의 도입이다. 이것은 결코 과학적으로 새로운 발견에 기초할 필요가 없으며 또한 상품의 상업적인 취급에 관한 새로운 방법을 포함하고 있다.

03. 새로운 판로의 개척, 즉 해당국의 해당 산업부문이 종래 참가하고 있지 않은 시장의 개척이다. 이 시장이 그전에 이미 존재했을 수도 그렇지 않을 수도 있다.

04. 원료 혹은 반제품의 새로운 공급원 획득이다. 이 경우에도 이 공급원이 기존의 것인가(단순히 못 보고 지나친 것인가, 획득이 불가능한 것으로 간주되고 있던 것인가를 불문하고) 혹은 최초로 만들어 내야만 하는 것인가는 문제가 되지 않는다.

05. 새로운 조직의 실현, 즉 독점적 지위의 형성 혹은 독점의 타파이다.

기업가(Unternehmer)에 의한 이 같은 새로운 결합의 수행은 이윤을 창출하여 기업가 자신이 부를 축적할 수 있도록 함은 물론, 산업의 진보 그리고 경제발전에 영향을 미친다. 조지프 슘페터의 말을 빌리자면, 기업가는 새로운 결합을 능동적으로 수행하는 것이 자신의 기능인 경제주체이다. 이러한 이유에서 조지프 슘페터는 기업가가 야전사령관이나 혁신가(Innovator)처럼 행동한다고 말했다.

조지프 슘페터는 기업가가 수행하는 기능을 단순하게 폭넓은 의미에서의 '경영(Management)'과 동일시하는 마셜학파의 '기업가 정의'를 온전히 수용할 수 없었다. 이 경우, 기업가가 수행하는 기능이 대다수 일상적 사무관리에 매몰되고 있다는 문제가 있었기 때문이다.[2]

조지프 슘페터, 왜 이제야 그에게 주목하는가?

'보이지 않는 손'의 역할을 주장한 애덤 스미스(Adam Smith)를 시조로 하는 고전경제학과 이후 신고전경제학은 18세기 초부터 20세기 초까지 국가와 세계의 경제를 잘 설명했다. 그러나 1929년부터 시작된 대공황(Great depression)으로, 세계는 대공황을 잘 설명할 수 있고, 또 극복할 방법을 제시할 수 있는 경제이론을 필요로 했다. 그때, 제시된 존 케인스(John M. Keynes)의 경제이론은 대공황을 잘 설명했고, 또한 극복할 방법도 적절하게 제시했다.

존 케인스는 자유시장에서 수요와 공급이 항상 균형적으로 유지되지는 않는다고 말하면서, 대공황은 유효수요의 위축으로 인한 수요와 공급의 불균형 때문에 발생한다고 설명했다. 따라서 그는 국가가 시장개입을 필연적으로 할 수밖에 없다고 주장했다. 그 당시, 케인스의 이 주장은 거의 혁명에 가까웠고, 상당수의 경제학자들에게 받아들여지기 쉽지 않았다. 하지만 미국의 32대 대통령인 프랭클린 루스벨트(Franklin D. Roosevelt)가 케인스의 경제이론을 받아들였고, 1933년 뉴딜 정책을 실시함으로써 대공황을 극복했다. 이로써 케인스의 경제이론은 각광을 받기 시작했고, 케인스 혁명 그리고 케인스학파 등의 말이 생겨나기 시작했다. 수정자본주의는 케인스의 경제이론을 도입한 경제정책이다.

프리드리히 하이에크(Friedrich A. von Hayek) 등의 경제학자들은 정부의 강력한 시장개입이 이루어지는 수정자본주의가 언젠가는 또 다른 문제를 발생시킬 것이라고 주장했다. 1970년대 이후 오일쇼크와 금융 불안 등으로 실제 세계적인 불황이 닥쳤다. 이때, 미국 시카고 대학교를 중심으로 한 경제학자들은 수정자본주의, 즉 정부의 시장개입으로 인하여 경제의 효율성이 나빠졌고, 이로 인하여 세계적인 불황이 닥치게 되었다고 판단했다. 그래서 이들은 시장의 기능과 민간의 자유로운 활동을 중시해야 한다고 주장했고, 실제로 자유시장과 규제완화, 재산권을 중시했다. 그 주장은 미국의 37대 대통령인 리처드 닉슨(Richard M. Nixon)의 경제정책에 받아들여졌는데, 이것이 바로 신자유주의이다.

1980년대 이후 신자유주의는 표준적 세계관으로 군림해왔다. 그러나 2007년 미국 서브프라임 모기지(Subprime mortgage) 사태로 촉발된 금융위기는 그 상황을 변화시켰다. 장기적인 경제침체, 즉 대침체(Great recession)의 발생으로 신자유주의는 고장이 난 것처럼 보이기 시작했다.[3] 2018년 현재는 물론 가까운 미래에도 이 경제침체는 쉽게 해결되기 어려운 문제처럼 보인다. 그리고 사회 양극화의 문제와 복지 재원의 문제 등도 장기적인 경제침체로 인해 나날이 악화되고 있으며, 이 문제들 역시 경제침체의 극복이 전제되지 않고는 해결되기 어려워 보인다.

저명한 경제학자들은 여러 이론들을 통해서 지금의 경제문제와 그로 인한 사회문제를 설명하고, 그 해결방법을 제시하려고 부단히 노력하고 있다. 리처드 세일러(Richard H. Thaler)와 캐스 선스타인(Cass Sunstein)의 넛지(Nudge) 이론, 다니엘 카너먼(Daniel Kahneman)의 준합리적 경제이론, 토마 피케티(Thomas Piketty)의 자본세 주장 등이 대표적이다. 그러나 이러한 노력들에도 불구하고 경제침체의 극복은 아직 묘연하기만 하다. 게다가 기술의 급진적인 발전과 지식사회 및 디지털세계로의 진입 등은 인류의 생활상과 가치관, 패러다임을 송두리째 변화시키고 있다. 따라서 지금의 경제는 시대적 변화에 영향을 받으면서 더욱 어려운 상황에 놓여 있을 수밖에 없다.

대한민국, 즉 우리나라는 일제강점기와 한국전쟁(6·25전쟁), 군부독재 등 뼈아픈 역사적 사건들로 얼룩진 근·현대사를 가지고 있다. 그럼에도 불구하고, 한국은 매우 짧은 기간 동안 세계적 수준의 경제발전과 민주화, 기술사회를 이루었다. 그래서일까? 21세기 초반, 즉 현재 한국이 직면한 경제문제와 그로 인한 사회적 문제들은 너무도 복잡하고 심각하고 드라마틱하다. 서구의 선진국들처럼 고질적으로 겪고 있는 경제적 성장의 한계, 서구열강들의 식민 지배를 받았던 저개발국들이 겪는 것과 같은 역사적·사회적 문제들, 매우 짧은 기간 동안 압축적으로 이루어진 성장의 역사로 인해 미처 온전하게 성숙하지 못한 시대정신 등이 바로 그러하지 아니한가! 어찌되었든, 우리는 이 뒤엉킨 실타래를 잘 풀어내기 위해서 경제침체를 잘 극복하는 것이 우선적으로 필요하다.

조지프 슘페터, 그는 사후 자신의 경제이론을 통해서 21세기의 한국은 물론 많은 국가들에게 적지 않은 영감을 주고 있다. 그의 경제이론은 현재의 경제침체를 극복하고 경제적으로 도약하는 방법을 제시함은 물론, 사회적 혁신과 미래사회를 능동적으로 대비할 수 있는 방향성을 제시하고 있다.

한국의 경제상황은 '국가부도'라는 참혹한 표현으로 불리기도 하는 1997년 IMF 외환위기를 기점으로 현재까지 장기적인 침체로부터 벗어나지 못하고 있다. 간간이 경제가 호조를 나타내기도 하지만, 전반적으로는 경제가 침체되어 있는 상황이다. 그리고 그 상황은 예측이 가능한 수준의 미래에도 호전되기 어려워 보인다. 이러한 이유에서 상당수의 기업들은 혁신 및 성장을 위한 투자를 중단하거나 보류하고 있다. 뿐만 아니라, 재직 근로자들의 임금을 동결하거나 삭감하고, 심한 경우 자발적·비자발적인 퇴직을 권고하고 있다. 간접고용과 비정규직의 고용, 대체고용 등을 선호함에 따라, 신규고용 역시 꺼리고 있는 모습이다.

엎친 데 덮친 격으로 한국은 4차 산업혁명이라는 크고도 거친 파도를 직면하고 있다. 1960년대부터 본격적으로 시행된 '경제개발계획'으로 한국은 급속한 경제성장을 이룰 수 있었고,[1] 삼성이나 엘지, 현대

---

1) 한국의 급속한 경제성장은 '경제개발계획의 시행'뿐만 아니라, 시대적·국제관계적·정치적인 여러 요인들이 복합적으로 영향을 미쳤기 때문에 이루어졌다. 지금처럼 각국이 자신들의 이익을 위해 행동하는 상황과 달리, 당시에는 미국을 중심으로 하는 자본주의 진영과 소련을 중심으로 하는 공산주의 진영의 대립으로 한국은 미국의 전폭적인 경제지원을 받았다. 그리고 1961년부터 1979년까지 쿠데타를 일으켜 집권한 박정희 전 대통령은 정권의 정

등의 세계적인 기업들을 키워낼 수 있었다. '선진국들의 기술을 빨리 배워서 따라가자!'는 빠른 추격자(Fast follower)로서 최선을· 다한 결과였다. 그러나 앞으로 맞이하게 될 4차 산업혁명의 시대는 빠른 추격자가 아닌 선도자(First mover)가 필요하다. 어쩌면, 유일무이(唯一無二)한 창조자(Creator)가 필요할는지도 모른다. 4차 산업혁명을 주도할 기술들은 인공지능(Artificial Intelligence, AI)과 사물인터넷(Internet of Things, IOT), 로봇, 3D 프린터, 양자컴퓨터, 생명공학 등인데,[2] 아직 전 세계의 어느 나라도 이 기술들을 완전히 개발하여 대중적으로 상용화하지 못했다. 그래서 현재의 세계는 4차 산업혁명을 주도할 기술들을 확보하고 선점하기 위한 각축이 치열하게 벌어지고 있다.

한국 역시 4차 산업혁명을 주도할 기술들을 어느 국가들보다 먼저 개발하고 상용화하여 시장을 선점하려는 노력이 필요하다. 그래야만 기술의 종속과 산업의 종속을 겪지 않을 수 있고, 지속가능한 경제발전

통성 문제로 미국의 내정간섭을 받아들일 수밖에 없는 상황이었다. 실제로 당시 미국의 케네디 정부에서 한국의 경제를 단기간에 성장시킬 수 있는 전략을 수립해주고, 그 전략을 한국이 실행하도록 압력을 행사했다. 이 내용은 비밀이 해제된 미국의 정부문건들에서 확인할 수 있다.

2) 4차 산업혁명은 모호한 개념이다. 세계의 많은 사람들은 4차 산업혁명을 곧 직면하게 될 우리 사회의 거대한 변화로 인식하지만, 누군가의 말처럼 아직은 실체가 없고, 그 개념도 추상적이기만 하기 때문이다. 4차 산업혁명은 인간의 육체적 노동은 물론 지적 노동까지 전면 대체할 것이라고 많은 사람들이 말한다. 즉, 로봇과 사물인터넷 등이 적용된 스마트 팩토리(Smart factory)는 인간의 육체적 노동을 대체하고 인공지능은 지적 노동을 대체하며, 3D 프린터와 생명공학은 인간의 신체적 진화를 촉진하고, 양자컴퓨터는 인공지능의 발전을 더욱 가속화시켜 인간의 지적 노동을 전면 대체할 것이라고 주장한다. 그러나 아직은 사람들의 예측만 있을 뿐, 우리의 일상에서 현실화 된 것은 무엇도 없다. 미래에 4차 산업혁명이 일어난다 하더라도 인간이 더 이상 노동력을 제공할 필요가 없는 사회가 될 것인지는 그 누구도 확신할 수 없다.

을 이룰 수 있다. 그러기 위해서는 경제가 좋아야 한다. 국가는 살림살이가 넉넉해야 4차 산업혁명을 주도할 기술들에 대해서 R&D투자를 하고, 기업들에게 지원을 할 수 있기 때문이다. 기업도 마찬가지이다. 좋은 경제환경으로 기업이 성장하여 많은 이윤을 가지게 되면, 자신들에게 필요한 기술을 확보하기 위해 R&D투자를 하고, 개발자 등의 근로자들을 고용하며, 다양한 목적의 투자들을 수행할 수 있기 때문이다.

지금과 같은 경제침체가 지속된다면, 한국은 4차 산업혁명의 선도자가 되기 어려움은 물론, 국가적 위기에 봉착할 가능성도 있다. 한국 사회에서는 현재 딩크족, 비혼주의자, 욜로족 등이 급증하고 있다. 이 현상은 장기적인 경제침체로부터 파생되었지만, 현재는 가치관 및 생활문화의 변화가 이 현상에 지대한 영향을 미치고 있다. N포세대는 여러 언론매체들을 통하여 빈번하게 접한, 그래서 한국인들에게는 이미 익숙해진 용어이다. 이 용어는 장기적인 경제침체로 청년들이 일자리를 얻을 수 없거나, 일자리를 얻는다 하더라도 소득이 낮고 고용이 불안정하여 연애 및 결혼, 출산, 내 집 마련, 희망 등 삶의 많은 것들을 포기하고 살아가는 세대라는 의미를 가진다. 딩크족과 비혼주의자, 욜로족 등은 장기적인 경제침체의 영향을 받은 N포세대의 구체적 유형이라고 말할 수 있다.

한국보다 앞서 장기적인 경제침체에 빠진 국가들 역시 딩크족과 비혼주의자, 욜로족 등의 확산을 경험했다. 특히, 이웃나라인 일본이 그러하다. 이 현상이 오랫동안 지속되면, 국가에 활력을 불어넣는 생산가능 인구가 급감하고 초고령사회로의 진입이 가속화된다. 그러다 결국은 인구붕괴가 시작되면서 인구소멸, 더 나아가 국가소멸의 상황을 맞이하게 된다.

[그림 1.1]은 1993년부터 2017년까지 한국의 합계출산율 변화를 보여준다. 1993년부터 1995년까지 한국의 합계출산율은 1.6 이상이다. 그러나 IMF 외환위기를 겪는 시점인 1997년부터 합계출산율은 급감하는 추세를 나타낸다. 이후 합계출산율은 지속적으로 감소하였고, 최근에 이르러서는 그 수치가 1.0 내외가 되었다. 참고로 IMF 외환위기 이전인 1996년 역시 합계출산율이 적지 않게 감소했다. 그 이유는 IMF 외환위기의 전조가 한국 경제에 나타나고 있었기 때문으로 판단된다.

그런데 [그림 1.1]을 보면서 의아한 생각이 든다. 1993년부터 1995년까지 감소된 합계출산율이 바로 그것이다. 1.6~1.7 정도의 당시 합계출산율은 IMF 외환위기 이후 장기적인 경제침체의 영향으로 급감하여 도달한 1.0 내외인 현재의 합계출산율보다 결코 현저히 높은 수치

※ 출처 : 〈국가통계포털〉의 합계출산율 국내통계를 재가공

그림 1.1 | 한국의 합계출산율(1993~2017년)

라고 말하기 어렵다. 실제로 그렇다. 일제(日帝)로부터 해방된 시점인 1945년경, 한국의 합계출산율은 약 6~7 정도였다. 1950년대와 1960년 대에는 합계출산율이 다소 줄어들었지만, 그래도 5 이상이었다. 1960 년대부터 한국은 정부 주도하에 산아제한정책을 강하게 추진했다. "둘 만 낳아 잘 기르자!" 우리에게 익숙한 이 캠페인 구호가 당시의 상황 이 어떠했을지 가늠케 한다. 그 정책이 추진된 결과, 한국의 합계출산 율은 급격히 감소하기 시작했다.3) 호황이었던 당시의 경제 상황과는 무관했다. 1960년대 후반부터 1990년대까지 한국은 눈부신 경제성장 을 이루었다. 세계의 사람들은 그런 한국을 가리키며 '한강의 기적'이 일어나고 있다고 말했다. 그러나 그러한 경제 호황기였음에도 불구하 고, 산아제한정책의 강력한 추진과 그로 인한 국민들의 인식변화로, 합 계출산율은 급감할 수밖에 없었다.

1980년대부터 1990년대 중반까지 한국의 합계출산율은 안정되기 시작하면서 1.6~2.0 수준을 유지했다. 즉, 급감하거나 급증하지 않았 다. 그러나 IMF 외환위기를 기점으로 한국의 경제는 장기적인 침체 상황에 빠지게 되었고, 한국의 청년들은 결혼과 출산을 유예하거나 기 피하기 시작했다. 그들은 결혼과 출산을 경제적 부담으로 생각하기 시 작했다. 결국, 이러한 현실은 합계출산율 1.0 내외(2018년 0.9 예측)라 는 상황을 빚어냈다. 현재 다양한 출산장려정책을 국가가 적극적으로 펼치고 있음에도, 합계출산율이 증가하는 효과는 극히 미미하다. 경제 적인 문제가 국가소멸의 위기를 초래한 셈이다.

---

3) 다음은 각 연도별 합계출산율이다. 〈1965년 5.16, 1970년 4.53, 1975년 3.43, 1980 년 2.82, 1985년 1.66, 1990년 1.57〉

[그림 1.2]는 한국의 소멸 위기를 더욱 현실감 있게 보여준다. 각 연도별 총인구수를 먼저 살펴보면, 1993년에서 2017년까지 44.0백만 명에서 50.7백만 명으로 증가했지만, 그 이후로는 2067년 45.9백만 명(예측), 2100년 38.5백만 명(예측)으로 꾸준히 감소한다. 65세 이상 노인(이하 '노령인구')의 비율 변화도 주목해볼만 하다.4) 1993년 노령인구의 비율은 5.5%에 불과했다. 그러나 2017년 14.1%로 증가했고, 2067년 34.4%(예측)와 2100년 36.2%(예측)로 급격히 증가한다. 이 예측은 현재 매우 저조한 합계출산율의 영향을 받은 결과이다. 즉, 장기적 경제침체로부터 촉발된 복합적 사회문제의 결과인 셈이다. 물론, 합계출산율이 급감하여 비노령인구의 비율을 상대적으로 낮추고, 진보된 의학 및 생명공학의 혜택과 웰빙형 정주환경의 혜택으로 인간의 수명이 길어지는 등, 노령인구의 비율이 급증하는 원인은 다양하고 복잡하다.

장기적인 경제침체의 극복은 21세기 초반, 지금의 한국에게 있어서 매우 절실하다. 인구급감으로 인하여 미래에 한국이 소멸하는 것을 방지하기 위해서뿐만 아니라, 지금의 극심한 사회양극화 문제를 해결하고 4차 산업혁명의 선도자가 되기 위해서라도 장기적인 경제침체는 늦지 않게 반드시 극복되어야 한다.

---

4) 2018년 기준 한국에서 노인의 연령 기준은 만 65세이다. 그러나 이 기준은 언제든 사회적 합의에 따라 변화될 수 있다.

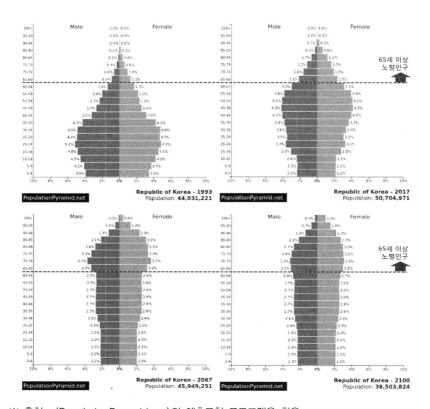

※ 출처 : 〈PopulationPyramid.net〉의 예측모형 프로그램을 활용

그림 1.2 | 한국의 인구구조 변화

　　경제이론, 즉 문제를 풀 방법을 제시하는 경제이론이 필요하다. 조지
프 슘페터, 그의 이론이 그 역할을 충분히 해내리라 생각한다. 이것은
저자 본인만의 생각이 아니라 다수의 경제학자들과 정책가들의 생각
이기도 하다. 혁신, 기업가 및 기업가정신, 자본가의 중요성을 누구보
다 잘 알고 있었던 조지프 슘페터. 그래서 그의 경제이론은 경제발전

이 이루어지기 위해서 기업가의 혁신, 기업가정신, 자본가의 역할이 중요함을 강조하고 있으며, 특히 기업가의 혁신을 크게 강조하고 있다.

지금은 고인이 된 스티브 잡스(Steven P. Jobs)와 애플(Apple社)을 생각해보자. 엘론 머스크(Elon R. Musk)와 테슬라(Tesla社) & 스페이스X(SpaceX社), 제프 베조스(Jeffrey P. Bezos)와 아마존(Amazon.com社) 역시 생각해보자. 그리고 이 기업들과 미국 경제를 생각해보자. 아니, 더 나아가 세계 경제를 생각해보자.

혁신적인 기업가는 경쟁력 있는 기업을 일구어내고, 그 기업은 성장하면서 양질의 일자리를 창출하며, 궁극적으로 국가의 경제발전에 기여한다. 또한, 기업가와 기업은 사회적 혁신을 일으켜 우리의 생활과 가치관을 바꾸어 놓기도 한다. 스티브 잡스, 엘론 머스크, 제프 베조스 등 혁신적인 기업가들과 그들의 기업들이 실제로 그랬다. 자본가 역시 국가의 경제발전에 기여한다. 벤처캐피탈리스트와 같은 자본가들은 기업가가 기업을 통해 혁신을 수행하도록 지원하고, 국가의 경제발전이 이루어지는 환경을 제공한다.

예를 들어보자. 스티브 잡스는 컴퓨터를 개발하고 판매하기 위하여 스티브 워즈니악(Steve Wozniak)과 함께 1976년 애플을 설립했다. 초창기에 애플은 크지 않은 기업이었다. 어쩌면, 당시의 애플은 별 볼일 없어 보이기만 했던 기업이라고 말하는 것이 더욱 적합할지도 모른다. 그러나 애플은 기존의 것들과 다른 혁신적인 제품들을 지속적으로 개발했고 시장에 선보였다. 그 결과, 약 12만 명의 직원을 고용하고 있는 기업, 그리고 현재의 시가총액이 웬만한 국가의 국내총생산(GDP)보다 큰 기업이 되었다. 애플의 제품들은 우리 생활에 많은 변화를 주었다.

아이폰(iPhone)의 대중화로 인한 초연결사회 및 모바일시대로의 진입이 대표적이다.5) 현재의 애플은 스티브 잡스만의 성과는 아니다. 만일 설립 초기 미화 9.2만 달러를 투자해주었던 자본가 마이크 마쿨라(Mike Markkula)가 없었더라면, 스티브 잡스는 애플을 지금처럼 성장시키기 어려웠을 것이다.

스티브 잡스와 그의 혁신, 마이크 마쿨라의 역할, 애플, 경제발전 등, 그것들의 관계를 곰곰이 생각하면, 조지프 슘페터의 경제이론은 현대 경제발전의 현상을 잘 설명하고 있다. 이점이 조지프 슘페터가 21세기에 주목받는 이유일 것이다. 그리고 지금의 대한민국에 그의 경제이론이 필요한 이유일 것이다.

---

5) 최재붕 박사는 아이폰 대중화 이후의 인류를 '포노 사피엔스(Phono sapiens)'라고 정의한다.

기술경제와 경제발전

기술과 자본, 그리고 기업가

01. 기술이란 무엇이고, 경제발전에 어떠한 기여를 하는지 논하시오.

02. 자본이란 무엇이고, 경제발전에 어떻게 기여하는지 논하시오.

03. 기업가의 기술혁신은 어떻게 이루어지는지 논하시오.

04. 자본가는 기업가와 어떤 관계를 맺으며 경제발전에 기여하는지 논하시오.

05. 기술과 자본의 관계를 설명하시오. 그리고 기술보증기금이(혹은 우리 기관이) 국가 경제에 어떻게 기여하는지 논하시오.

06. 기술과 자본 중 무엇이 더욱 중요하다고 생각하는지 말하고, 그 이유를 논리적으로 설명하시오.

07. 자본은 기업가정신에 어떠한 영향을 미치는지 논하시오.

08. 기술혁신을 토대로 경제발전을 이룬 사례를 알고 있다면 말하시오. 그리고 그 사례를 통해서 무엇을 느꼈는지 말하시오.

09. 기술혁신이 경제발전에 기여하면서 양질의 일자리 창출에 어떻게 기여하는지 설명하시오.

10. 조지프 슘페터의 경제이론과 폴 로머의 내생적 성장이론을 알고 있다면, 그 이론들을 토대로 기술혁신이 경제발전에 왜 중요한지 설명하시오.

11. 기술과 자본의 관계를 통한 경제발전 메커니즘을 생각했을 때, 자본은 기업가에 대하여 어떠한 성격을 가져야 하는지 본인의 생각을 말하시오. (기술보증기금 지원자의 경우, <인내심이 있는 금융(혹은 '포용적 금융', 혹은 '동반자 금융')>의 일환으로 2017년부터 시행된 창업법인기업의 '대표자 연대보증제도 폐지' 등을 연계해서 생각하자.)

기술과 자본, 그리고 기업가

누군가 경제발전을 이루는 데 중요한 세 가지가 무엇이냐고 묻는다면, 저자는 지체 없이 '기술, 자본, 기업가'라고 답할 것이다. 조지프 슘페터는 기업가의 혁신, 즉 새로운 결합이 끊임없이 일어나면 경제발전은 이루어진다고 말했다. 증기기관이 발명되어 18세기 중반 산업혁명이 일어난 이후 현재까지 새로운 결합은 주로 기술과 자본에 의해 이루어졌고, 기업가는 그 행위의 주체였다. 앞으로 다가올 첨단기술의 시대, 즉 4차 산업혁명의 시대에는 더욱 그러할 것이다.

경제성장의 본질에 대한 뛰어난 통찰을 보여준 폴 로머(Paul M. Romer)[1]는 내생적 성장이론(Endogenous growth theory)을 주장하였는데, 이것은 경제 내에서 내생적으로 발생하는 기술진보를 통하여 장기적인 경제성장이 이루어지는 과정을 설명한 경제이론이다.[4] 내생적 성장이론은 생산의 3요소를 기존의 '토지, 노동, 자본'에서 21세기에

---

1) 폴 로머는 기술진보가 경제성장에 미치는 영향을 규명한 공로, 즉 내생적 성장이론을 연구한 공로를 인정받아 기후변화 경제학을 연구한 윌리엄 노드하우스(William Nordhaus)와 공동으로 2018년 노벨경제학상을 수상했다.

적합한 '지식, 아이디어, 사람'으로 교체했다.[2] 즉, 기존의 경제 패러다임을 바꾸었다.

기술은 무엇인가?

기술은 사전적 의미로 과학 이론을 현실에 적용하여 인간 생활에 유용한 제품이나 서비스를 만들고 제공하도록 하는 수단이다. 그래서 기술은 과학과 달리 경제성을 가지는지, 또는 실생활에 활용할 수 있는지의 여부가 중요하다.

기술과 과학의 차이를 명확히 이해하고 구분하는 사람은 그다지 많지 않다. 어쩌면 과학자나 공학자, 기술자들 역시 기술과 과학의 차이를 명확하게 이해하지 못하는 경우가 적지 않다. 새로운 기술을 개발하기 위한 학술적 연구를 수행하는 공학자(Engineer)들이 자신을 대외적으로 소개함에 있어서 과학자(Scientist)라고 하는 것을 보면 분명 그러하다. 자연의 섭리와 자연현상의 법칙을 발견하는 과학자들 역시 다르지 않다. 그들은 자신들이 발견한 자연현상의 법칙을 과학적 성과라기보다 일종의 기술적 성과로 여겨 경제성이나 현실 유용성을 간과하고 성급하게 사업화하려는 경우가 왕왕 있기 때문이다.

기술이 무엇인지 이해하기 위해서는 과학과 기술이 어떻게 다른지를 명확하게 알고 있어야 한다. 그리고 공학은 무엇인지도 함께 이해

---

2) 지식과 아이디어는 진보한 기술로 수렴될 수 있다. 사람은 혁신을 수행하는 기업가로 구체화 해석하여도 무리가 없다.

하고 있어야 한다. 그래야만 이공학적 입장에서 정의하는 기술을 이해할 수 있다. 경제발전을 위한 핵심 요소로서 기술은 그 이후에야 이해가 가능하다.

과학(Science)은 광의의 의미에서 보편적인 진리나 법칙의 발견을 목적으로 하는 체계적인 지식이다. 즉, 분과된 '학문' 그 자체로서 의미를 가진다. 인문학(Human science), 사회학(Social science), 컴퓨터과학(Computer science), 자연과학(Natural science) 등 분과학문들의 영어 표기가 '분과(Human, Social, Computer, Natural, ……)+학문(Science)'인 이유가 바로 그 때문이다. 그러나 일반적으로 '과학'이라고 말했을 때에는 '자연과학(Natural science)'을 가리킨다. 이 책에서도 과학은 자연과학과 동일한 의미를 가지는 용어로 사용될 것이다.

과학은 자연현상, 특히 자연의 합법칙성에 관한 일정한 이론체계를 연구하는 학문이다.[5] 물리학과 화학, 생물학, 천문학, 지구과학 등은 바로 과학의 범주에 속하는 학문들이다. 과학은 그 추구하는 목적 때문에 위대한 성과를 거두었다 하더라도 우리 실생활에 바로 적용되기 어렵고, 경제성을 가지기도 어렵다. 그래서 과학적 성과는 수십 년 이상이 지난 후에야 우리 실생활에 적용되는 경우가 부지기수다. 대표적인 예가 전기이다. 전기의 원리는 이미 17~18세기 사이에 여러 과학자들이 실험을 통해서 밝혀냈지만, 본격적인 전기의 사용은 19세기가 되어서야 니콜라 테슬라(Nikola Tesla)와 토마스 에디슨(Thomas A. Edison) 등에 의해 상용화기술이 개발된 이후 시작되었다.

기술(Technology)은 이미 언급한 바와 같이 과학 원리를 적용하여 인간 생활에 유용한 재화를 만드는 수단이고, 경제성과 시장성 등이 수반되는 특징을 가진다. 기술은 지금 우리 실생활에(혹은 곧 다가올 미래에) 얼마나 유용한지, 또 얼마나 필요한지에 의해서 그 가치가 결정되기 때문이다. 만일 그 가치가 낮거나 없다면 아무리 우수한 기술일지라도 이내 사장될 수밖에 없다. 그래서 기술은 과학과 달리 경제적 측면을 반영할 수밖에 없는 개념이다. 공학(Engineering)은 기술을 어떻게 개발할 것인지를 연구하는 학문이다. 많은 공학자들이 수요 있는 기술, 즉 돈이 되는 기술에 대한 연구개발(R&D)을 선호하고 있는 이유는 바로 이러한 학문적 특성 때문이다.

경제학과 경영학, 법학 등을 전공한 학자들은 기술의 정의를 더욱 확장시켰다. 피터 보어(Peter Boer)는 유용한 목적을 위한 지식의 응용을 기술이라고 정의했고, 새로운 기술들은 기존의 기술에 여러 새로운 기술적 요소와 과학적 지식이 추가되면서 창출된다고 했다.[6] 정성찬과 함석동은 기술을 지식재산권과 기업이 보유하고 있는 기술력을 포함하여 포괄적으로 정의했다.[7] <산업교육진흥 및 산학연 협력촉진에 관한 법률 시행령> 제3조에 따르면 기술3)은 '제1호. 특허법, 실용신안법, 디자인보호법 등 관련 법률에 따라 등록되었거나 등록을 신청 중인 특허·실용신안·디자인과 그 밖에 이에 준하는 지식재산', '제2호. 제1호의 기술이 집적된 자본재', '제3호. 제1호 또는 제2호의 기술에 관한 정보', '제4호. 이전과 사업화가 가능한 기술적·과학적 또는 산업적 노하우' 중 어느 하나에 해당하는 것이라고 정의되어 있다. 성웅현은 기술을 요소기술(a technology)과 복합기술(technology portfolio)로 구분했다.[8] 여기서 요소기술은 제품에 대한 기여도와 기술의 독창성, 기

---

3) 이 시행령에는 '대통령령으로 정하는 기술'이라고 명시되어 있다.

술의 우위성, 기술의 파급효과, 기술예측을 통한 발전가능성에 관한 것이고, 그 자체만으로 재화가 되기 어려운 특징을 가진다. 반면에 복합기술은 요소기술의 집합으로서, 제품의 수익성과 사업성, 생산성 등의 검토를 통해서 판단할 수 있다.

종합해보면, 결국 기술은 어떠한 주체가 부가가치를 창출하는 데 필요한 핵심 요소인 셈이다.

자본은 무엇인가?

자본은 우리의 일상생활에서 돈(화폐)으로 인식되고 있다. 그러나 사회의 각 분야에서 자본은 각기 다른 의미를 가진다.

경제학에서 자본은 다양한 의미를 가진다. 가장 일반적인 자본의 의미는 토지나, 공장, 노동력 등과 같이 생산의 밑거름이 되는 생산수단이다. 그래서 근대경제학에서는 자본을 토지, 노동과 함께 생산의 3요소로 보았다. 또한 자본은 돈(인간의 노동을 구매할 수 있는 권한)을 더욱 많이 가지기 위해 사용되는 부(인간의 노동을 구매할 수 있는 권한이 축적되어 있는 상태)로서 의미를 가지기도 한다. 법학에서 자본은 상법에 의거하여 주식회사 등의 기업을 설립하고자 할 때 주주의 지위를 가지는 투자자가 출자하는 금액을 기준으로 하여 계산한 일정 액수이다. 회계학에서 자본은 법학에서의 자본과 유사한 의미를 가진다. 즉, 주주로부터 조달된 자본을 가리키며, 순자산이나 자기자본이라고 부르기도 한다.[9] 경제학, 법학, 회계학에서는 자본을 이처럼 각기 다르게 정의하고 있으나, 인간이 경제적 활동을 수행하는 데 필요한 수단임을 공통적으로 밝히고 있다.

"자본이란 기업가가 필요로 하는 구체적 재화를 그의 지배 아래 둘 수 있도록 하는 지렛대이며, 또한 새로운 목적을 위해 재화를 처분하기 위한 수단 혹은 생산에 새로운 방향을 지시하는 수단이다."[10] 이 인용문은 조지프 슘페터가 <경제발전의 이론>에서 자본을 정의한 내용이다. 앞에서 도출한 자본의 정의와 본질이 다르지 않다. 다만, 차이를 굳이 찾자면, 조지프 슘페터가 생각한 자본은 '새로운 결합'을 기업가가 수행하기 위한 수단이다.

다음 두 인용문을 보면 조지프 슘페터가 생각한 자본의 정의를 더욱 명확하게 이해할 수 있다. "새로운 결합은 기존의 결합과 달리 현존하는 유동수익에 의해서는 조달될 수 없기 때문에 새로운 결합을 수행하려고 하는 사람은 화폐 혹은 화폐 대체물로 대출을 받고 이것에 의해 필요한 생산수단을 구입해야만 한다."[11], "그래서 우리는 자본이란 언제라도 기업가의 자유에 맡겨지는 화폐 및 기타의 지불수단의 금액이라 정의할 수 있다."[12]

시대가 변함에 따라 자본의 역할과 위상은 변하였지만, 그럼에도 불구하고 자본은 21세기 현대 경제에서 그 중요성이 크다. 자본은 기술과 만났을 때 경제발전에 지대한 기여를 한다. 자본은 기업가가 기술을 이용하여 새로운 결합을 수행하고자 하는 동기를 제공하고, 또 그것을 실천하고자 하는 의지를 가지게 한다. 그래서 저자 본인을 포함한 많은 전문가들은 자본을 경제발전을 이루는 기술혁신의 밑거름이라고, 혹은 기술혁신의 배양토라고 부른다.

자신의 의지로 새로운 결합을 수행하는 기업가가 많은 사회는 충분한 혁신이 이루어질 수밖에 없다. 즉, 혁신이 충만한 사회이다. 기업가에 의한 새로운 결합, 특히 자본이 뒷받침되는 기술혁신은 경제성장과 사회발전에 지대한 기여를 한다. 다시 말하여, 기술혁신은 경제 및 사회를 발전시키고, 자본은 기술혁신이 지속가능한 환경을 조성한다.

테크니온-이스라엘 공과대학교(이하 '테크니온공대')와 요즈마그룹은 이스라엘을 대표하는 공과대학교와 기술벤처기업 투자기관이고, 세계에서 기술혁신이 가장 활발하게 이루어지도록 하는 기관들로 알려져 있다.

2018년 현재 미국의 나스닥(NASDAQ)에 상장된 이스라엘 기업은 97곳으로, 그 숫자만으로는 세계 3위에 해당한다. 이 기업들 중 3분의 2는 창업자나 공동창업자, 최고경영자, 최고기술책임자 등이 테크니온공대 출신이다. 최근 20년 동안 테크니온공대에서 창업된 기술기업은 1,602개이다. 그리고 이 기업들이 벌어들인 외화는 총 31조 7,525억 원에 달한다.[13] 이 수치는 테크니온공대에서 이루어진 기술혁신이 이스라엘의 경제발전에 얼마나 큰 기여를 했는지 보여주는 지표라 할 수 있다. 테크니온공대에서 이러한 기술혁신이 지속되고 있는 요인은 여러 가지가 있으나, 그 중에서도 요즈마펀드는 주요 요인으로 지목된다.4) 요즈마펀드는 첨단기술기업을 지원하기 위해 1993년 이스라엘 정부와 민간이 합동으로 조성한 펀드로서, 개발된 첨단기술이 사장되지 않도록 사업화를 돕고, 또 사업화를 위한 첨단기술이 개발되도록 충분한 동기부여를 한다. 요즈마펀드는 테크니온공대에 그 역할을 충

---

4) 요즈마펀드를 관리하고 운용하는 기관은 요즈마그룹이다.

분히 해오고 있는 셈이다.

종합해보면, 결국 자본은 지속가능한 기술혁신이 이루어지도록 하는 수단이자 환경이고, 기업가정신에 긍정적인 영향을 미치는 요인인 셈이다.

기업가는 누구인가?

기업가(Entrepreneur)는 기업을 경영하는 사람, 또는 사업을 일구고 수행하는 사람으로 정의된다. 그래서 경영자, 창업자, 사업가 등으로 불리는 사람들은 모두 기업가의 범주에 속한다고 볼 수 있다. 다만, 각자의 역할과 기능, 특성을 곰곰이 살펴보면, 이들은 각기 다른 주체들처럼 보이기도 한다. 어떤 이는 전에 없던 사업을 만들어 성장시키고, 어떤 이는 모회사로부터 분사하여 경영을 하고, 어떤 이는 기업의 이익 달성을 위해 경영관리를 한다. 그럼에도 불구하고, 기업가는 일반적으로 이러한 모습들을 포괄하는 광의의 의미를 가진다. 예를 들어, 사업을 수행하여 부를 축적한 기업가는 때로 그 부를 이용하여 더욱 많은 부를 축적하는데, 이 경우 기업가는 이미 자본가적 특성을 짙게 나타내지만 여전히 기업가로 취급되기도 한다.

경제발전의 관점에서 기업가는 보다 구체화될 필요가 있다. 몇몇 경제학자들은 실제로 경제발전에 영향을 주는, 특히 기술혁신에 영향을 주는 기업가를 구분하여 정의했다.

"우리는 새로운 결합을 수행해서 그것을 기업체 등에 구체화하는 것을 기업(Unternehmung)이라고 부르고 새로운 결합을 능동적으로 수행하는 것이 자신의 기능인 경제주체를 기업가(Unternehmer)라고 부른다. 이 두 가지 개념은 통상적인 개념과 비교했을 때 보다 광범위한 개념이기도 하고 보다 협의의 개념이기도 하다. 광범위하다고 하는 이유는 다음과 같다. 우선 첫 번째로 우리가 기업가라고 부르는 것은 통상적으로 그렇게 부르고 있는 교환경제의 '독립적인' 경제주체를 가리킬 뿐만 아니라 이 개념을 구성하는 기능을 다하고 있는 모든 사람들을 가리키는 것이다. …(중략)… 두 번째로 우리는 기업가가 특수한 사회현상으로서 존재한다는 것은 특정한 역사적 시대에 기업가만을 문제로 삼는 것이 아니며 이 개념과 명칭을 그 기능에 결부시키고 또 어떤 형태의 사회에서 사실상 이 기능을 다하고 있는 모든 개인에게 이것을 결부시키는 것이다. …(중략)… 협의의 개념이라고 하는 이유는 다음과 같다. 통상적인 개념과는 달리 자신의 계산으로 행동하는 독립적인 경제주체 모두가 우리의 기업가 개념 속에 포함되는 것이 아니다. …(중략)… 그럼에도 불구하는 나는 다음과 같이 주장하고 있다. 다시 말해서 앞서 서술한 정의는 불완전한 분석에 비해서 사물의 본질에 충실한 것에 불과하고 종래의 이론이 의미하고 있던 것을 단지 정확하게 표현한 것에 불과하다는 것이다. 우선, 우리의 표현법과 통상적인 표현법은 '기업가'와 '자본가'를 구별한다는 기본적인 점에서 일치한다. …(중략)… 두 번째로 기업가 유형을 창의성, 권위, 선견지명 등의 표현으로 특징짓는 통상적인 방법도 완전히 우리의 방향에 일치하고 있다. …(중략)… 끝으로 우리가 단순히 받아들일 수 있는 몇 가지 정의가 있다. 그중에는 세(J. B. Say)까지 거슬러 올라가는 잘 알려진 것이 있다.

즉, 기업가 기능은 생산요소를 결합하고 종합하는 것이라고 하는 것이 그러하다. 물론 이것이 단순히 '규정대로 처리한다'는 의미라면 해마다 순환에서도 이루어지고 있는 상황이지만, 이것이 단순한 행정 업무가 아니고 특별한 종류의 활동이 되는 것은 최초 한 번만, 즉 새로운 것을 수행할 경우 우리가 의미하는 기업의 경우에만 국한된 것이기 때문에 이 정의는 사실 우리의 정의와 일치한다."[14] 이 인용문은 조지프 슘페터가 <경제발전의 이론>에서 기업가를 정의한 내용이다.

현대 경영학의 창시자라고 평가받는 피터 드러커(Peter F. Drucker)는 기업가(보다 자세하게 말하면 기업가정신)에 대해 조지프 슘페터의 생각과 맥을 같이 했다. 그는 '혁신(Innovation)이란 기업가정신 특유의 기능'이라고 주장했다. 혁신은 그것이 기존의 사업이건, 공공서비스 기관이건, 홀로 시작한 벤처이건 간에 부를 창출하는 자원을 새로 개척하거나, 또는 부의 창출 능력을 증진시키는 수단이다. 기업가정신은 기업의 크기나 형태, 연륜에 관계없이 기관의 경제적 혹은 사회적 능력을 증진하는 목적지향적이고 초점이 잡힌 변화를 창출하려는 노력, 즉 혁신이 그 활동의 중심에 있어야 한다.[15] 이러한 기업가정신을 가지고서 '고객을 창조하는 것'을 목적으로 하는 기업을 일구고 성장시키는 사람이 기업가이다.5) 이 기업가는 혁신을 행하면서 기업을 성장시키고, 결국 경제발전에 기여한다.

기업가는 기술과 자본을 혁신, 즉 새로운 결합을 위해 수단으로서

---

5) 저자는 피터 드러커의 이론과 주장을 일부 확장 해석하여 기업가의 정의를 도출했다. 즉, 피터 드러커가 직접 이 같은 기업가 정의를 내리지 않았음을 밝힌다. 참고로 이 책에는 피터 드러커의 주장[16]을 인용하여 기업의 목적이 '고객을 창조하는 것'이라고 기술되어 있다.

사용하는 주체이다. 기술과 자본은 기업가에 의해서 직접 만들어지기도 하지만, 그렇지 않은 경우도 있다. 즉, 기존의 기술과 자본을 기업가가 구매하거나 빌려 새로운 결합을 위해 활용하기도 한다. 기업가에게 있어서 자본은 특히 그러하다.

종합해보면, 결국 기업가는 새로운 결합, 즉 혁신을 행하는 주체이고, 그 혁신을 행하기 위해 필요한 수단들, 즉 기술과 자본을 활용하는 주체이다.

기술·자본·기업가의 관계는?
그리고 그 관계를 통해서 경제발전은 어떻게 이루어지는가?

[그림 2.1]은 기술과 자본, 기업가의 관계, 그리고 이들의 관계를 통해서 경제발전이 어떻게 이루어지는지를 비교적 상세히 보여준다.

기업가는 새로운 결합을 수행하는 주체이다. 기업가는 기술이라는 새로운 결합을 위한 수단을 활용하여 기술혁신을 일으킨다. 또한 이를 위한 수단, 즉 기술을 확보하기 위해 부단히 노력한다. 연구개발(R&D), 획기적인 아이디어, 신기술에 대한 통찰 등이 바로 그러한 노력들이다. 기업가의 새로운 결합, 즉 기술혁신은 무형적 실체로서 국민경제를 구성하는 기본적 단위인 기업에서 이루어진다. 기업가에 의해 기업에서 구체화되는 기술혁신은 기업이 고객을 창조하도록 한다. 이것은 기업이 이익을 달성하도록 하고, 양적·질적 성장을 이루게 한다.

궁극에는 국가 경제의 양적·질적 성장에 기여한다.

새로운 결합, 즉 기술혁신은 기업가 독자적인 역량에만 의존하여 이루어지기 어렵다. 기술과 기술의 융합, 기술을 적용한 신시장 개척, 새로운 기술의 확보, 기존 기술의 대체 등은 자본의 도움이 필수 불가결하다. 그래서 자본가는 기업가의 새로운 결합을 조력한다. 경우에 따라서는 촉진한다. "재능이 있는 사람은 남의 돈으로 성공한다."라는 말이 있다. 기업가가 새로운 결합을 하여 기업을 일으켜 세울 수 있도록 자본을 공급하는 자본가들 사이에서 흔히 오가는 말이다. 필자는 이 말이 자본가와 기업가의 관계를 짧고도 명료하게 정의한다고 생각한다. 조지프 슘페터는 신용공여의 중요성을 언급하면서, 경제생활에 재능이 있다고 하는 것을 빌린 돈으로 성공한다는 등으로 표현하는 것이 틀리지 않다고 생각했다. 그의 생각은 현재 자본가들 사이에서 오가는 그 말과 맥락이 결코 다르지 않다.

자본가는 기업가가 새로운 결합을 기업을 통해서 구체화하는 데 필요한 자본을 공급한다. 즉, 기술혁신을 조력하거나 촉진한다. 그럼으로써 자본가는 경제발전에 직접적으로 또는 간접적으로 기여한다. 자본가 자신에게는 기업가에게 제공한 자본, 즉 신용공여를 통하여 자본이자를 얻도록 한다. 이것은 자본가 자신에게 더욱 많은 자본을 가지도록 하며, 금융시장이 형성되고 발전하도록 만든다. 결과적으로 자본가의 신용공여는 기업가가 기업을 통해 기술혁신을 이루도록 하여 경제발전을 조력하고 촉진한다. 또한, 자본가 자신이 속한 금융시장을 발전시켜 경제발전에 직접적으로 기여한다.

종합해보면, 기술은 자본과 함께 기술혁신을 이루는 중요한 수단이다. 이때, 자본은 기술혁신을 조력하고 촉진한다. 기업가는 기술과 자본을 기술혁신의 수단으로 활용하는 경제발전의 주체이고, 기업을 통해 기술혁신을 구체화한다. 따라서 기술, 자본, 기업가는 지속적으로 상호 유기적인 관계를 맺어가며 경제발전에 기여한다.[6]

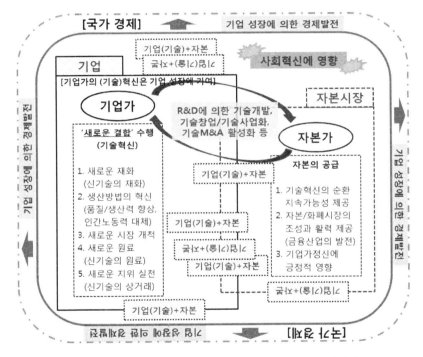

그림 2.1 | 기술·자본·기업가의 관계, 그리고 경제발전

---

6) 경제발전의 과정에서 일자리는 자연스럽게 창출된다. 기업은 기술혁신으로 성장하면서 R&D인력, 생산인력, 품질관리인력, 시장개척인력(마케팅 & 영업), 지원인력 등의 인력들이 필요해지고(즉, 다양하고 많은 노동력을 필요로 하고), 기업이 그 필요를 충족해가는 과정에서 고용시장은 활성화된다. 기업의 기술혁신 수준이 높을수록 일자리의 질적 수준은 높아질 가능성이 있다.

기술경제와 경제발전

기술창업과 기술경제

01. 기술창업은 무엇이고, 기술창업은 왜 중요한지 논하시오.

02. 기술경제가 무엇인지 설명하시오. 그리고 국가가 기술경제를 달성할 수 있는 방법을 제시하시오.

03. 기술보증기금이 기술경제를 달성하도록 하는 구체적인 방법은 무엇이 있는지 논하시오.

04. 우리 기관이 국가가 기술경제를 달성하도록 하는 데 어떠한 역할을 할 수 있는지 논하시오.

05. 기술진보의 속도는 시간이 지날수록 급격하게 빨라지고 있다. 앞으로 4차 산업혁명 이후에는 더욱 그러할 것이다. 한국이 세계에서 도태되지 않고 산업선도자로서 나아갈 수 있는 방법, 그리고 지속가능한 경제발전을 이룰 수 있는 방법은 무엇인지 논하시오.

06. 기술창업을 위한 기술은 무엇인지 설명하시오.

07. 기술창업은 벤처창업, 기회형 창업과 어떻게 다른지 설명하시오. 그리고 일반 창업 및 생계형 창업과도 어떻게 다른지 설명하시오.

08. 문재인 정부의 '혁신성장'은 박근혜 정부의 '창조경제'와 어떠한 차이를 가지는지 설명하시오. 그리고 기술창업은 이 경제정책들을 실천함에 있어서 왜 중요한지 설명하시오.

09. 숙련기술이란 무엇인지 설명하시오. 또한 숙련기술에 기반 한 창업이 기술창업인지 혹은 아닌지를 판단하고, 그 이유를 사례를 들어가며 구체적으로 설명하시오.

10. 스티브 잡스가 1976년에 설립한 미국의 대표적인 기업 애플社(Apple Inc.)는 기술혁신의 훌륭한 사례로 자주 언급된다. 애플은 다양한 혁신적인 제품들을 소비자들에게 선보이며, 새로운 시장의 개척과 기존 시장의 대체를 이루었다. 그 결과 독보적인 시장지위와 시장점유율, 브랜드가치 등을 가진 기업으로 애플社는 성장할 수 있었다. 스티브 잡스의 기술혁신으로 애플社가 시장에 내놓은 제품들 중 아이폰(iPhone)은 기업의 성장과 경제발전을 넘어 사회혁신에도 지대한 영향을 미쳤다. 사회적관계망서비스(Social Network Service, 이하 'SNS')의 대중화와 모바일 인터넷 사용의 일상화 등이 바로 애플社의 기술혁신에 의해 사회혁신이 이루어진 대표적인 사례라고 말할 수 있다. 이렇게 이루어진 사회혁신은 다시 새로운 기술혁신이 이루어지도록 하는 밑거름이 된다. 결국, 경제발전을 한 차원 더 도약시키는 역할을 수행한다. 이와 관련하여 기술혁신이 사회혁신에 어떻게 영향을 미치는지, 그리고 사회혁신은 다시 한 차원 더 높은 기술혁신과 경제발전이 이루어지도록 어떻게 영향을 미치는지 사례를 들어가며 논하시오

11. 세계 주요 유니콘 기업들은 상당수 미국과 중국의 기업들이다. 왜 그러한지 설명하시오

12. 혁신형 창업이 무엇인지 설명하고, 그 사례를 제시하시오 혁신형 창업의 아이템에는 어떠한 것들이 있는지 제시하고, 그 이유를 설명하시오

13. 기술을 아이디어 단계에서 스케일업을 한다는 것은 무엇인지 설명하시오

03 SUBJECT

기술창업과 기술경제

기업가의 새로운 결합은 기업을 통해 구체화되고, 기업은 기업가의 새로운 결합으로 이익을 달성하고 성장하면서 경제발전에 기여한다. 그래서 기업은 경제발전에 지대한 영향을 미치는 경제요소이다. 기업은 기업가에 의한 창업이라는 과정을 거쳐 설립되고 성장한다. 그러나 창업은 모기업(Parent company)에서 사업의 일부를 독립하여 분사(Spin off)하는 것과 다르고, 소기업의 설립이라는 정의로 한정되는 것 역시 한계가 있다.

우리는 창업을 가리킬 때 일반적으로 스타트업(Start-up)이라는 표현을 사용한다. 그 이유는 스타트업이라는 표현이 어떠한 사업을 새롭게 시작하고 또 일으켜 세운다는 의미를 내포하고 있기 때문이다. 스타트업은 시작한다는 의미를 가진 'Start'와 무엇을 모으거나 결성함(혹은 일으켜 세움)을 의미하는 'up'이 결합된 합성어이다. 그래서 단어 그 자체로서도 '시작하여 무엇을 모으거나 결성한다(혹은 시작하여 일으켜 세운다)'는 의미를 가진다.

<중소기업창업 지원법> 제2조 제1호에 따르면 창업이란 중소기업을

새로 설립하는 것을 말하며, 창업의 범위는 대통령령으로 정한다고 정의한다. 동법 시행령 제2조에서는 대통령령으로 정하는 창업의 범위를 '<중소기업창업 지원법> 제2조 제1호에 따른 창업은 다음 각 호의 어느 하나에 해당하지 아니하는 것으로서 중소기업을 새로 설립하여 사업을 개시하는 것'이라고 규정하고 있다. 여기서 각 호는 다음과 같다. "제1호. 타인으로부터 사업을 승계하여 승계 전의 사업과 같은 종류의 사업을 계속하는 경우. 다만, 사업의 일부를 분리하여 해당 기업의 임직원이나 그 외의 자가 사업을 개시하는 경우로서 중소벤처기업부령으로 정하는 요건에 해당하는 경우는 제외한다. 제2호. 개인사업자인 중소기업자가 법인으로 전환하거나 법인의 조직변경 등 기업형태를 변경하여 변경 전의 사업과 같은 종류의 사업을 계속하는 경우, 제3호. 폐업 후 사업을 개시하여 폐업 전의 사업과 같은 종류의 사업을 계속하는 경우"

국내 법, <중소기업창업 지원법>은 창업을 '중소기업을 새로 설립하는 것'으로 정의하고 있으며, 중소기업을 새로 설립하여 사업을 개시한다고 하더라도 기존의 사업을 승계하거나 분리운영, 개인사업자의 법인전환, 폐업 후 재개업 등의 경우는 창업으로 보지 않는다.[17] 즉, <중소기업창업 지원법>은 스타트업 그 본연의 의미를 잘 반영하여 창업을 정의하고 있다.

여러 학자들은 창업의 정의를 세 가지 범주에서 더욱 발전시켰다. 창업은 사업을 새롭게 시작하는 것, 창업은 자원을 투입하여 재화와 서비스를 생산하는 시스템을 구축하는 것, 창업은 새로운 아이디어와 자원을 재화와 서비스로 전환시키는 활동이 바로 그 범주들이다.1)

첫 번째, 창업은 사업을 새롭게 시작하는 것이다.

조지 알렌(George C. Allen)은 창업을 모기업 없이 기업이 새롭게 형성되는 것이라고 정의했다.[18] 이 정의는 여러 학자들에게 일반적으로 받아들여지고 있다. 창업을 학문적으로 보면, 기업의 목적을 달성하기 위하여 인적·물적 자원을 적절히 결합하고 그 결합을 통해 상품 및 서비스를 조달, 생산, 판매하는 활동을 수행하는 것으로 정의할 수 있다. 반면 창업을 실무적으로 보면, 개인 혹은 집단이 자신의 책임 하에 돈과 사람을 동원하여 새로이 사업을 개시하는 것으로 정의할 수 있다. 허정국은 창업을 성장 잠재력이 충분히 있는 사업의 창조 개념으로 생각했고, 설립 단계만이 아니라 자생력을 가지는 단계까지 창업의 과정에 포함해야 한다고 주장했다.[19]

두 번째, 창업은 자원을 투입하여 재화와 서비스를 생산하는 시스템을 구축하는 것이다.

피터 드러커는 새로운 부를 창출하는 능력을 사용하여 기존의 모든 자원을 투입하는 혁신적인 행위가 창업이라고 말했다.[20] 김재식과 백형기는 창업의 정의를 '시스템의 구축'이라는 관점에서 더욱 구체화했다. 그들이 정의한 창업은 자본, 아이디어, 종업원, 시설 등을 구비하여 일정한 재화나 서비스를 생산하는 시스템을 구축하는 것, 사업의 기초를 세우는 것으로서 창업자가 일정한 사업목표 아래 아이디어와 생산요소를 적절히 결합하여 제품생산 등에 적합한 기업을 세우는 것이다.[21,22]

세 번째, 창업은 새로운 아이디어와 자원을 재화와 서비스로 전환시

---

1) 다음 이어지는 '세 가지 범주에서 창업의 정의'는 윤용모 등 9명의 연구보고서[17]를 참고 및 인용하여 작성했다. 〈표 3.1〉은 '세 가지 범주에서 창업의 정의'를 요약한 도표이다.

키는 활동이다.

김종찬은 창업을 기업가가 자원을 새로운 방법으로 결합 혹은 재분배하여 부의 창출과 증식 기회를 제공하는 수단, 즉 창조적 활동으로 정의했다.[23] 그는 창업을 정의함에 있어서 조지프 슘페터의 개념을 적극 수용한 것으로 생각된다. 조지프 슘페터는 창업을 직접 정의하지는 않았다. 그렇지만 경제발전을 이룸에 있어서 기업가의 새로운 결합, 즉 혁신이 중요함을 주장했다. 그리고 기업가의 혁신이 기업체 등을 통해서 구체화된다고 말했다. 저자 본인의 생각이 확대해석의 우를 범하는 것처럼 느껴져 조심스럽다. 그럼에도 불구하고 저자는 조지프 슘페터가 기업의 설립, 즉 창업을 기업가가 혁신을 구체화하는 데 필요한 수단이라고 여겼으리라 생각한다.

표 3.1 | 창업의 정의

범주	창업의 정의
사업을 새롭게 시작	· 모기업 없이 기업이 새롭게 형성되는 것(조지 알렌, 1961) · 성장 잠재력이 충분히 있는 사업의 창조. 창업의 과정은 설립 단계만이 아닌 자생력을 가지는 단계까지 포함(허정국, 2000)
자원을 투입하여 재화와 서비스를 생산하는 시스템 구축	· 새로운 부를 창출하는 능력을 사용하여 기존의 모든 자원을 투입하는 혁신인인 행위(피터 드러커, 1985) · 자본, 아이디어, 종업원, 시설 등을 구비하여 일정한 재화나 서비스를 생산하는 시스템을 구축하는 것(김재식, 1997) · 사업의 기초를 세우는 것. 창업자가 일정한 사업목표 아래 아이디어와 생산요소를 적절히 결합하여 제품생산 등에 적합한 기업을 세우는 것(백형기, 1999)
아이디어와 자원을 재화와 서비스로 전환	· 기업가가 자원을 새로운 방법으로 결합 혹은 재분배하여 부의 창출과 증식 기회를 제공하는 수단. 창조적 활동(김종찬, 2008) · 기업가가 새로운 결합을 구체화하는 수단

기술창업은 일반창업과 다르다. 사업의 유형, 형태, 특성 등 여러 측면에서 다르다. 그 중에서 가장 큰 차이점을 말하자면 경제적 파급효과이다. 일반적으로 기술창업이 일반창업보다 더욱 큰 경제적 파급효과를 일으켜 경제발전에 지대한 기여를 한다. 그래서 기술창업은 일반창업보다 더욱 장려된다. 이것은 한국뿐만 아니라 대다수의 국가들에서 일어나는 공통적인 현상이다.

기술창업은 무엇인가?

기술창업이란 쉽게 말해서 기술에 기반 한 아이디어나 자원을 활용하여 창업하는 것이다. 기술은 그것을 운영하는 주체가 부가가치를 창출하는 데 필요한 핵심 요소이다. 여기서 혼동하지 말아야 할 것이 있다. 기술과 기능의 차이가 바로 그것이다. 일반적으로 기능은 특정 기술이 이미 한 사회에 보편화되어 혁신성과 부가가치 창출 능력이 크게 상실된 상태의 것을 말한다. 그래서 기능에 기반 한 아이디어나 자원을 활용하여 창업하는 것을 기술창업이라 부르는 것은 적절하지 않다.

가솔린 자동차를 제조하는 데 필요한 배기가스 저감용 '촉매소재 설계'와 '촉매소재 생산관리'가 기술과 기능을 비교하는데 좋은 예가 될 수 있다. 촉매소재 설계는 '기술'이 필요하다. 즉, 화학적인 지식을 기반으로 무기성 물질(혹은 유기성 물질)을 나노 크기로 합성하는 방법, 배기가스를 온전히 제어하면서 촉매활성을 영구적으로(또는 반영구적으로) 가지도록 하는 방법, 경제성을 가지는 원재료 확보 및 생산관리 방법 등이 필요하다. 기존과는 달라야 한다. 그렇기에 최신의 과학적 성과가 적용된 기술이 도입된다. 따라서 제품이 시장에서 높은 부가가치를 가지고 기술적 파급효과를 가진다. 반면에 촉매소재 생산관리는 기능이라 불리는 요소들이 주로 적용된다. 개발된 촉매소재를 낮은 불량률로 대량생산하는 방법은 이미 오래 전에 개발되어 해당 산업계에서 일반적으로 사용하는 것이기 때문이다. 그것은 이미 기성화 된 기술, 바로 기능이다. 다만, 생산관리의 패러다임을 뒤바꿀 방법이 새롭게 개발되어 적용된다면 그것은 기능이 아닌 기술이다.

국내법에서는 기능을 '숙련기술'이라 정의한다. <숙련기술장려법> 제2조 제1호는 숙련기술을 '산업 현장에서 업무를 잘 수행하는 데 필요한 기술로서 해당 업무에 관한 지속적인 경험과 학습을 통하여 얻어지는 기술'이라고 정의한다. 이 법은 국민에게 산업에 필요한 숙련기술의 습득을 장려하고 숙련기술의 향상을 촉진하는 동시에 숙련기술자에 대한 사회적 인식을 높이기 위한 목적으로 제정되었다(동법 제1조). 그리고 그 목적 달성을 위해 국내기능경기대회의 개최, 국제기능올림픽대회의 개최 및 참가 등 기능경기대회의 활성화 노력을 한다(동법 제5조 제2호 제6항).

<표 3.2>는 기술창업과 일반창업의 차이를 보여준다. 기술창업은 신기술 혹은 새로운 아이디어를 가지고 제품 및 용역의 생산, 판매활동을 수행하는 형태를 나타낸다. 그래서 기술창업은 제조업과 전문서비스업, 지식문화사업 등의 업종에 해당하고, 고위험-고수익(High risk & High return)의 특성을 가지며, 중견기업 이상으로 성장할 가능성이 높

다. 반면에 일반창업은 음식점, 미용업, 숙박업, 기타 일반상품을 단순
유통하는 등의 사업형태를 나타낸다. 그래서 낮은 진입장벽과 소자본
창업, 영세성, 낮은 부가가치 등의 특성을 가진다.

표 3.2 | 기술창업과 일반창업의 차이

구분	사업유형	사업수행 형태	특성
기술 창업	· 제조업 · 전문서비스업 · 지식문화사업	· 신기술 혹은 새로운 아이디어를 가지고 제품 및 용역의 생산, 판매활동을 수행	· 고위험-고수익 · 고성장으로 중견기업 이상으로 성장가능성
일반 창업	· 일반서비스업 · 도/소매업	· 음식점, 미용업, 숙박업, 기타 일반상품을 단순 유통 등	· 낮은 진입장벽, 빈번한 창업 및 소멸 · 소자본 창업, 영세성, 낮은 부가가치

※ 출처 : 윤용모 등 9명의 연구보고서[17]에서 인용된 자료를 재가공

기술창업과 일반창업의 차이는 통상 <표 3.2>에 부합한다. 그러나
항상 그렇지는 않다. 기술의 진보, 기술혁신의 확장으로 일반창업의 범
주에 속했던 업종들까지 변화를 맞이하고 있다. 이 변화는 앞으로 더
욱 커지고 가속화되리라 생각한다.

쿠팡(Coupang Corp.)이라는 기업을 보자. 쿠팡은 전자상거래[2], 물
류 및 유통 등을 주요 사업으로 하는 기업으로서, 사업유형만 보자면

---

2) 온라인상에서 제품을 공급하는 기업과 제품을 필요로 하는 소비자 간에 상거래가 이루어
지도록 하는 개념이다. 인터넷의 사용이 활성화되기 이전까지 이러한 사업은 큰 범주에서
도·소매업에 포함되었다. 그러나 인터넷 및 그와 관련된 첨단기술들이 발전하고 우리의
일상생활에 침투하면서 전자상거래(혹은 통신판매)라는 업종이 생겨날 수 있었다. 흔히
이러한 사업을 B2C 플랫폼 사업이라고 칭한다.

일반창업에 가깝다. 그러나 쿠팡은 세계적 수준의 혁신적인 기업으로 평가받고 있다. 손정의 일본 소프트뱅크 회장 역시 기술혁신을 현실화하고 있는 쿠팡이 향후 미래 시장을 선도할 것이라는 판단 하에 수조 원의 투자를 했다. 쿠팡은 외형적으로 드러나는 사업의 유형과 달리 내부적인 모습은 기술혁신을 실천하는 기술기업인 셈이다.

혁신의 정도와 창업의 동기 등에 의해서 창업을 구분하는 개념은 기술창업을 정의하는 데 더욱 유용할는지 모른다. 이 개념에 따르면 창업은 크게 기회형 창업(Opportunity-driven)과 생계형 창업(Necessity-driven)으로 구분된다.

생계형 창업은 창업자가 생계를 이어가기 위한 경제활동의 수단으로서 사업을 시작하고 일구어가는 것을 말하며, 부가가치가 낮은 음식점과 커피숍, 숙박업, 일반 도·소매업 등이 해당한다. 반면에 기회형 창업은 생계를 이어가기 위한 경제활동의 수단으로서보다 자신이 목적한 바를 이루기 위하여 첨단기술 혹은 창의적인 아이디어를 토대로 사업을 시작하고 일구어가는 것을 말한다. 높은 부가가치를 창출하는 높은 기술력 기반의 제조업과 지식 기반의 서비스업 등이 바로 기회형 창업에 해당한다.[24,25] 창업자의 창업 당시 연령에서도 기회형 창업과 생계형 창업은 차이를 나타낸다. 현대경제연구원의 설문조사 결과에 따르면, 연령대가 높아질수록 생계형 창업에 해당하는 업종의 창업을 선호했고, 연령대가 낮을수록 기회형 창업에 해당하는 업종의 창업을 수행했다.[26]

기술창업은 기회형 창업의 정의에 잘 부합한다. 그래서 기술창업을 기회형 창업이라 말해도 무방하다. 그러나 그 반대로 기회형 창업을

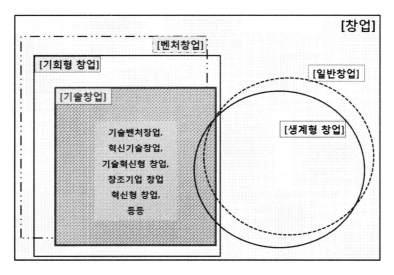

그림 3.1 | 기술창업의 범주

기술창업이라고 말할 수는 없다. 비기술창업이 기회형 창업에 해당하는 경우가 종종 있기 때문이다. 그래서 기회형 창업은 벤처창업과 유사하다. <벤처기업육성에 관한 특별조치법>의 제정 취지 및 내용에서 추론할 수 있는 국내 벤처기업의 정의는 '세계 일류기업으로 육성하기 위한 지원 대상'이지만, 미국이나 OECD 등에서 정의하는 벤처기업은 '모험적이고 혁신적인 사업의 수행으로 높은 수익 및 성장을 달성하는 기업'이기 때문이다. 여기서 벤처창업은 벤처기업의 창업이다.

종합해보면, 기술창업은 기업가가 새로운 기술과 창의적인 아이디어, 여러 자원들을 활용하여 기술혁신을 구체화할 기업을 설립하고 일으키는 과정이다. 기술창업은 창업의 동기, 혁신의 정도, 특성 등을 고려했을 때 기회형 창업과 벤처창업의 범주에 포함된다.[3]

기술창업은 왜 중요한가? 그리고 기술경제는 무엇인가?

기술창업은 경제발전에 기여한다. 기술의 진보가 빠르게 일어나는 시대(혹은 사회)에서는 특히 그렇다. 일반창업 역시 경제발전에 기여한다. 그러나 그 기여의 정도를 곰곰이 따져보면 일반창업은 기술창업에 비할 바가 못 된다. 즉, 기술창업은 경제발전에 지대한 기여를 한다. 이 같은 이유로 기술창업은 경제발전이 절실히 요구되고 있는 국가들에서 매우 중요하게 여겨진다.

기술창업은 기업가가 기업을 통해 기술혁신을 시장에서 구체화하는 과정이다. 이 과정이 잘 수행되어질 때 기업은 시장에서 자생력을 가지고 생존할 수 있다. 생존을 넘어 큰 성장을 이루어낼 수도 있다. 즉, 소기업에서 중기업으로, 중기업에서 중견기업으로, 중견기업에서 대기업으로 성장할 수 있다. 그래서 상당수의 기업가들은 유니콘 기업 이상의 성공을 꿈꾸며 기술창업을 한다. 유니콘 기업이란 미국의 실리콘밸리에서 유래된 표현으로서, 미화 10억 달러(한화 약 1조 원) 이상의

---

3) [그림 3.1]은 기술창업의 범주를 보여준다. 기술창업은 시대에 따라 혹은 정부에 따라 다양한 명칭으로 불린다. 창조기업 창업, 혁신형 창업, 기술벤처창업 등이 바로 그 명칭들이다. 기술창업은 기업가가 생계유지를 위한 경제활동의 수단으로서 수행하기도 한다. 그렇기 때문에 기술창업이 생계형 창업의 특성을 나타내는 경우가 있다. 저자는 2018년 6월 발표한 논문을 통해서 기술창업을 수행한 기업가들이 다섯 가지 유형으로 구분된다고 주장했다.[25] 자아실현 형, 생계유지 형, 수익지향 형, 관계지향 형, 시장지향 형이 바로 그 유형들이다. 다른 연구자들 역시 기술창업을 포함한 기회형 창업이 경제수단으로서 기업가들에 의해 수행되는 경우가 있음을 보고한 바 있다. 따라서 기술창업은 기회형 창업 또는 벤처창업의 특성만 나타내는 것이 아니라 생계형 창업의 특성 등 다양한 특성을 나타낼 수 있다.

기업가치를 달성한 스타트업을 말한다.

[그림 3.2]는 세계 10위권 유니콘 기업들의 기업가치와 업종, 국가를 보여준다.

첫째, 모든 기업들은 미화 15억 달러 이상의 기업가치를 가지고 있으며, 1위와 2위인 터우탸오(Toutiao)와 우버(Uber)는 각각 미화 75억 달러와 72억 달러의 기업가치를 가지고 있다. 이들 10개 기업의 총 기업가치는 미화 347.3억 달러로서 베트남 국내총생산(2017년 기준)의 약 15%에 달한다. 세계 10위권 유니콘 기업들 중 7곳이 미국, 3곳이 중국에 소속된 기업들이다. 만일 이 기업들 중 몇 곳이 베트남에서 창업되었더라면, 베트남은 더욱 높은 국내총생산과 경제성장률을 가졌을 것이다. 즉, 더욱 큰 경제발전을 이루었을 것임이 분명하다.

둘째, 모든 기업들은 기술창업 이후 성장을 이루어냈다. 즉, 세계 10위권 유니콘 기업들은 모두 기술창업 되었다. 이 사실은 업종을 통해서 확인이 가능하다. 터우탸오는 플랫폼 기술을 기반으로 최신 뉴스와 정보를 제공하는 사업을 수행하고, 우버는 O2O서비스 기술을 기반으로 On-Demand 여객운송업을 수행하고, 스페이스X(SpaceX)는 로켓기술을 기반으로 민간 우주선을 개발하는 사업을 수행한다. 이 기업들은 첨단기술을 직접 개발하거나 활용하여 창업했다. 다른 7곳의 기업들 역시 모두 마찬가지다. 정보통신, 인공지능, 일렉트로닉스 등의 첨단기술을 기반으로 창업했다. 순위권 밖의 유니콘 기업들도 대다수 생명공학, 블록체인, 로봇공학, VR/AR, 소프트웨어, 에너지공학 등의 첨단기술로 창업하여 성장했다.

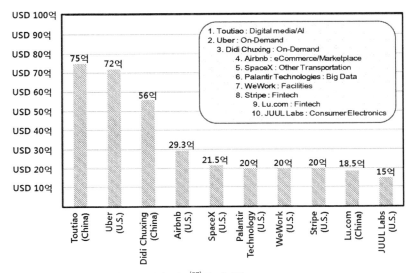

※ 출처 : 〈CBINSIGHTS〉의 공개된 자료[27]를 재가공

그림 3.2 | 세계 10위권 유니콘 기업들(2018년 8월 기준)

유니콘 기업, 더 나아가 글로벌 대기업으로 성장하는 기업이 많이 만들어지는 기술창업은 양적으로 경제적 성장을 이룰 수 있다. 세계 10위권 유니콘 기업들이 보여준 것처럼 말이다. 유니콘 기업을 넘어서 글로벌 대기업으로 더욱 성장한다면, 그 경제적 성장은 훨씬 클 것이다. 그만큼 더욱 많은 부가가치를 만들어낼 것이기 때문이다. 뿐만 아니라, R&D인력들과 기술자들, 생산인력들, 품질전문가들, 영업 및 마케팅 전문가들 등에 대한 인력수요가 기업의 양적인 성장에 따라 증가하기 때문에 양질의 일자리 창출 효과 역시 커진다. 고용된 종업원들은 자신이 속한 기업의 발전에 기여함은 물론 급여 등의 소득을 지출하면서 내수경기를 진작하는 데 기여한다. 이는 결과적으로 경제발전

의 선순환 구조에 적지 않은 영향을 미친다.

　문재인 정부의 경제정책4), 특히 경제발전을 위한 경제정책인 '소득주도성장'과 '혁신성장'을 바로 기술창업이 달성할 수가 있다. 그것도 정부의 주도가 아닌 민간에서 말이다.

　기술창업은 기술경제를 이룬다. 기술경제는 경제발전이 지속가능한 기술혁신 기반의 경제환경이다. 근대 이전까지 경제발전은 토지, 자본, 노동이라는 생산의 3요소에 의해서 이루어졌다. 그래서 고전 경제학의 이론들은 이 3요소를 자주 언급했다. 다른 입장의 경제이론들도 분명 있었지만, 시장경제를 바탕에 둔 경제이론들은 토지, 자본, 노동의 중요성을 강조했다. 그러나 1차 산업혁명이 일어난 이후 현재까지 근 두 세기 동안 기술이 급격하게 발전하면서 경제발전의 패러다임도 크게 변화했다. 기술혁신은 경제발전에 매우 중요한 요소라는 경제이론들이 제시되기 시작한 것이다. 조지프 슘페터가 강조한 기업가의 '새로운

---

4) 문재인 정부의 주요 경제정책은 세 가지로 종합된다. 하나는 '소득주도성장'이고, 다른 하나는 '혁신성장'이다. 그리고 마지막은 '공정경제'이다. 소득주도성장은 가계의 가처분소득을 증대시키면 소비가 활성화되고, 결국은 내수경기가 진작되어 경제성장이 이루어진다는 논리를 가지는 경제정책이다. 소득주도성장은 큰 정부를 지향하고 있으며, 최저임금의 인상과 비정규직의 정규직화, 공공부문의 일자리 늘리기, 정부로부터의 각종 수당 및 보조금 지급 등의 정책적인 방법이 제시된다. 혁신성장은 민간부문에서 기업들이 성장하고 양질의 일자리를 많이 창출하면서 경제발전을 이룰 수 있다는 이론이다. 조지프 슘페터의 경제이론을 차용한 경제정책처럼 보인다. 이 정책은 박근혜 정부의 창조경제와 유사한 맥락을 가지며, 모호함도 있다. 공정경제는 소득주도성장과 혁신성장을 지원하면서, 경제발전이 지속가능하도록 경제환경을 조성하는 정책이다.
문재인 정부의 세 가지 경제정책들은 문재인 정부에서 새롭게 만들어진 것들이 아니다. 이미 이전의 정부들에서 중요하게 여겨져 고민되었고 시행되었던 경제정책들이다. 물론 그 명칭은 각 정부에서 달랐지만 말이다. 그리고 이 경제정책들은 앞으로도 중요하게 여겨지고 고민될 것이다.

결합'은 현대사회에 적용하여 해석하면 기술혁신과 잘 맞아떨어진다. 그리고 폴 로머의 '내생적 성장이론'은 직접적으로 R&D 등에 의해 사회 내부적으로 축적된 첨단기술이 경제발전에 영향을 미친다고 말한다. 그래서 지식과 아이디어, 사람을 경제발전의 중요한 3요소로 지목한다.

기술진보의 속도는 점차 빨라지고 있다. 지금까지 그러했고, 앞으로는 더욱 그러할 것이다. [그림 3.3]은 농업혁명부터 지금까지 기술의 진보가 얼마나 가속화되었는지를 잘 보여준다.

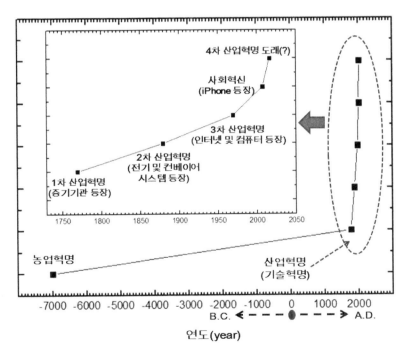

그림 3.3 | 기술진보의 속도

    B.C. 약 7천 년에 농업혁명이 일어난 이후 근 9천 년 동안 인류는 특별히 기술적 진보를 가지지 못했다. 그 기간 동안 사회적으로 또 문화적으로 발전을 지속해왔지만 우리의 삶을 획기적으로 변화시킬만한 기술적 진보는 그다지 없었다. 그러나 1769년 제임스 와트(James Watt)의 상업용 증기기관의 개발로 1차 산업혁명이 일어난 이후 기술의 진보는 매우 빠르게 진행되었다. 실제로 1879년 상용화 전기 및 컨베이어시스템이 개발되면서 2차 산업혁명이 일어났고, 1969년 인터넷 및 컴퓨터가 상용화되면서 3차 산업혁명이 일어났다.

    농업혁명부터 1차 산업혁명까지는 근 9천 년이 소요되었지만, 1차 산업혁명부터 2차 산업혁명까지는 110년이 소요되었고, 2차 산업혁명부터 3차 산업혁명까지는 90년이 소요되었다. 게다가 인류의 삶을 획기적으로 변화시킨 스마트폰의 대중화는 3차 산업혁명이 일어나고 겨우 30~40년 후의 일이다. 일각에서는 스마트폰의 대중화가 또 하나의 산업혁명을 일으킨 사건이라고 주장하지만, 일반적으로 받아들여지는 주장은 아니다. 그럼에도 불구하고 스마트폰의 대중화가 인류의 삶을 획기적으로 변화시킨 사실은 부정할 수 없다. 포노 사피엔스(Phono sapiens)라는 신조어의 출현이 그것을 증명한다. 스마트폰의 대중화는 전 세계 사람들이 시간과 공간의 제약을 받지 않고 서로 관계를 맺는 '초연결사회'로의 진입 계기가 되었다.

    4차 산업혁명은 아직 일어나지 않았다. "산업혁명이 일어났다"고 정의하는 일은 현재를 살아가는 사람들의 몫이 아니라 미래를 살아가는 사람들의 몫이다. 그렇기 때문에 현 시점의 우리는 4차 산업혁명이 일어나고 있다고 확언할 수 없다. 그러나 예측은 가능하다.

크라우스 슈밥(Klaus Schwab)은 2016년 1월 스위스 다보스에서 개최된 세계경제포럼(The World Economic Forum, WEF)에서 4차 산업혁명의 이해를 주요 의제로 설정했고, 세계 각국의 지식인들은 이를 계기로 4차 산업혁명이 곧 다가올 미래라고 생각하기 시작했다. 그 근거는 현재 상용화기술로서 개발되고 있는 몇 가지 첨단기술들에 있다. 인공지능과 로봇, 사물인터넷, 3D 프린터, 생명공학 등은 바로 그 기술들이다. 이 기술들이 본격적으로 상용화되면 산업 현장에서 인간의 노동력은 거의 필요하지 않을 것이다. 육체적 노동의 대체는 물론 지적 노동까지 말이다. 산업 현장에서뿐만 아니라 우리의 일상에도 큰 변화를 가져올 것이다. 유발 하라리(Yuval N. Harari)의 표현을 빌리자면, 미래의 인류는 자신들이 개발한 첨단기술들의 도움을 받아 호모 사피엔스(Homo sapiens)에서 호모 데우스(Homo deus)로 진화할 것이다. 즉, 인류는 신(神)처럼 병들지도 아프지도 않고 영생에 가까운 삶을 살아갈 것이고, 유기체 기반의 육체가 아닌 유·무기체의 혼합 형태, 즉 하이브리드 형태의 육체를 가지게 됨으로써 지금의 육체적 한계를 거의 대부분 극복할 것이다.

4차 산업혁명이 현실이 되면 우리의 모든 생활은 지금까지와 전혀 다르게 변화될 수밖에 없다. 특히, 산업이 그러할 것이다. 4차 산업혁명을 잘 대응하는 국가는 인간의 노동을 최소화하면서 다채로운 재화들을 높은 효율로 생산하고, 지속가능한 경제발전을 이루어 낼 것이다. 그리고 그 국민들은 사회·정치·경제 분야에서 높은 수준의 발전을 이루어내고, 행복을 영위하며 살아갈 것이다. 노동으로부터의 해방이 달성된 상황에서 말이다. 그러나 4차 산업혁명을 잘 대응하지 못한 국가는 여러 면에서 어려운 상황들을 맞을 수밖에 없다. 4차 산업혁명을 잘 대응하지 못한 국가는 그렇지 않은 국가에 비해 짧은 기간 동안 따라잡기 어려운 큰 기술격차를 가질 수밖에 없기 때문이다.

기술경제는 4차 산업혁명뿐만 아니라 그 이후의 대변환에도 능동적으로 대응이 가능한 경제적·산업적 체질을 갖추도록 할 것이다. 기술경제는 지속가능한 경제발전을 위한 기술혁신 기반의 경제환경이기 때문이다. 그래서 기술경제는 지금의 우리에게 매우 절실하다. 그래서 기술경제를 이루는 기술창업의 활성화는 지금의 우리에게 매우 중요하다.

지금부터의 이야기는 기술창업과 기술경제에 대한 하나의 사례이다.

스마트폰은 현재 전 세계인들이 보편적으로 사용하는 기기이다. 스마트폰의 대중화에 지대한 기여를 한 인물은 바로 애플社의 창업자이자 최고경영자였던 스티브 잡스이다. 그는 세계에서 가장 혁신적이었던 기업가로 우리에게 잘 알려져 있다.

스티브 잡스는 개인용 컴퓨터를 개발하여 대중화시키겠다는 생각으로 1976년 애플社를 설립했다. 즉, 기술창업을 했다. 창업 초기에 스티브 잡스는 여러 어려움들을 겪기도 했지만, 그의 기술혁신에 대한 가치를 알아본 주요 투자자들과 협력자들의 도움을 받아 애플社를 전 세계에서 큰 영향력을 가진 기업으로 성장시켰다. 스티브 잡스의 애플社는 다양한 기술제품들을 개발했고 또 시장에 선보였다. 그리고 그 제품들의 대다수는 대중들에게 매우 큰 호응을 받았으며, 꽤나 시장에서 성공을 거두었다. 특히, 2007년 시장에 선보인 아이폰은 기업 차원의 성공을 넘어 우리의 생활상을 송두리째 변화시켰다.

아이폰은 스마트폰이다. 즉, 기능이 제한되지 않고 여러 응용프로그램들의 사용으로 다양한 기능을 가지는 스마트기기이다. 아이폰은 기본적으로 카메라와 캠코더, 컴퓨터 등의 기능들을 탑재했고, 이 기능들의 사용으로 무선인터넷과 모바일 게임, 사회적관계망서비스 등의 이용이 가능해졌다. 이 같은 이유에서 기존의 휴대폰 시장, 카메라 및 캠코더 시장, PDA 시장 등은 대부분 사장되었고, 스마트폰 그리고 그와 관련된 시장들은 새로이 생겨나 급성장했다. 애플社는 그 신시장에서 독보적인 위치를 점하게 되었다.

스티브 잡스의 기술창업은 소속국인 미국의 경제발전에 큰 기여를 했고, 미국 내 첨단기술 기반의 산업들이 만들어지고 성장하는 데에도 지대한 영향을 미쳤다. 스티브 잡스는 기술창업 당시 의도를 했었든, 아니었든 간에 결과적으로 미국이 기술경제를 이루는 데 적지 않은 기여를 했다. 즉, 지속가능한 경제발전이 이루어지도록 하는 경제환경을 조성하는 데 기여했다.

아이폰이 대중화된 이후 많은 유니콘 기업들이 생겨났다. 트위터(twitter.com), 페이스북(facebook.com), 인스타그램(instagram.com) 등은 그 대표적인 기업들이다. 이 기업들은 사회적관계망서비스의 제공을 주요 사업으로 하는데, 그 사업은 아이폰 등의 스마트폰이 대중화됨으로써 비로소 가능해졌다. 사회적관계망서비스를 제공하는 기업들은 현재 자신들에게 누적된 방대한 양의 데이터들을 기반으로 인공지능을 개발하고 있다. 만일 이 기업들이 인공지능을 개발하여 대중화기술로서 사용가능토록 한다면, 우리는 4차 산업혁명을 현실로 맞이하게 될 것이다. 기업은 더욱 큰 성장을 이루게 될 것이고, 소속국은 더욱 높은 차원의 경제발전을 이룰 수 있을 것이다.

애플社를 설립한 일, 즉 스티브 잡스의 기술창업은 지극히 개인적인 창업동기에 의해서 이루어졌을지 모르지만 결과적으로 기술경제를 이루는 데 기여하여 지속가능한 경제발전이 가능하도록 했다. 즉, 기술혁신의 선순환 구조를 구축하는 데 기여한 셈이다.

기술경제와 경제발전

기술금융이란?

01. 기술금융을 정의하시오.

02. 기술금융은 왜 필요한지 설명하시오.

03. 2014년 이후 국내에서 정의된 기술금융은 무엇인지 설명하시오. 그리고 그 정의가 가지는 의미에 대하여 논하시오.

04. 기술평가, 기술가치평가, 기술사업성평가 등은 기술금융을 위해서 왜 필요한지 설명하시오.

05. 국내 기술금융은 그 정의상 어떠한 한계를 가지는지 논하시오.

06. 기술금융이 경제발전에 어떠한 기여를 하는지 논하시오.

기술금융이란?

    자본은 기술혁신의 순환이 지속되도록 돕는 수단이고, 기업가정신에 긍정적인 영향을 미치는 요인이다. 자본시장은 그 자본이 수요와 공급에 의해 거래되는 시장이다. 그래서 자본시장은 기술혁신의 순환이 지속되도록 돕는 환경이다. 즉, 선순환 구조의 신기술 창업생태계가 조성되도록 하고, 지속가능한 경제발전이 이루어지도록 하는 환경이다.

    자본가가 자본을 필요로 하는 대상에게 자신의 자본을 자본시장에서 공급하는 행위를 금융이라고 말한다. 그리고 자본을 필요로 하는 대상이 기업가(혹은 기업)인 경우에는 그 금융을 기업금융이라고 말한다.

    자본가는 상대방에게 무조건적인 자본공급을 하지 않는다. 기업금융을 포함한 모든 금융이 자본을 필요로 하는 대상에게 이루어질 때, 자본가는 향후 원금의 회수와 함께 이윤을 얻기를 기대하기 때문이다. 자본가의 입장에서 자본은 수요자에게 공급되는 일종의 재화이다. 우리가 자본의 수요와 공급이 이루어지는 환경(즉, 시장)을 자본시장이라 부르는 이유가 바로 여기에 있다.

    대부분의 금융이 그러하겠지만, 기업금융은 특히 기업가의 신용을 기반으로 하여 이루어진다. 여기서 '신용'이란 자본을 공급받은 기업가가 자본가에게 원리금을 상환할 수 있는지에 대한 가능성, 즉 '원리금상환가능성'이다.[1] "기업가는 그의 생산수단에 의해 재차 자본을 조달할 수 있다."[28]는 주장은 기업가의 신용이 구매력에 기반하고 있음을 이해하도록 한다. 물론, 현실에서는 기업금융 시 유동화 가능한 유·무형적 자산에 대한 담보가 구매력과 함께 신용의 기반이 되고 있지만 말이다.

조지프 슘페터는 자본이 기업가의 생산재 구매를 위한 기금으로서 역할을 한다고 생각했다. 현대에 이르러 자본은 단순히 생산재 구매를 위한 기금으로서 역할만이 아니라, 기술혁신의 기금으로서 역할도 한다. 기술창업을 수행하는 기업가에게 친화적인 기업금융은 그래서 경제발전을 위해, 또 기술경제의 달성을 위해 매우 중요하다. 그러나 현실에서 기업금융은 그 중요성만큼 기술기업의 기업가들에게 마냥 친화적이지만은 않다. 기술창업을 준비하고 있거나 막 시작한 기업가들에게는 특히나 그러하다.

기술금융은 기술창업 기업가들에게 우호적인 기업금융을 지원하고자, 즉 기술창업 기업가들에게 친화적인 자본시장을 조성해주고자 고안되었다.[2] 앞에서 설명한 것처럼 자본가는 기업가를 신용하여 자본을 공급한다.[3] 기업금융에 있어서 신용은 자본을 공급받는 기업이 향후

---

1) 은행에서는 신용도가 신용공여를 받는 주체의 원리금 상환의지 및 상환능력을 내포한다고 말한다.
2) [그림 4.1]은 기술금융의 범주를 보여준다. 기술금융은 기업금융의 범주에 속하며, 기업금융을 크게 양분하는 장기자본시장 금융과 단기자본시장 금융을 부분적으로 모두 포함한다.

원리금을 상환할 수 있는가에 대한 가늠자이자, 만일 그러하지 못하였을 때 다른 상환능력이 있는가에 대한 가늠자이다. 그리고 그 가늠자는 상대방에 대한 믿음이 전제되어 있다. 기업금융을 위한 신용의 판단은 기업가의 현재까지 경영실적과 사업성을 진단하는 방법, 그리고 기업가가 보유하고 있는 유·무형 자산에 담보권을 설정할 수 있는지를 파악하는 방법 등으로 이루어진다.

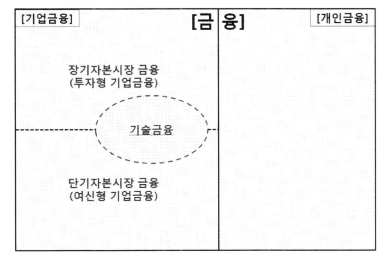

그림 4.1 | 기술금융의 범주

---

3) 이 책에서 언급하고 있는 자본가는 개인으로서 자본가만이 아니라 다양한 형태의 금융을 하는 기관들까지 포함하여 지칭한다. 상업은행(Commercial bank, 이하 '은행')과 투자은행(Investment bank), 모험자본 투자기관(Venture capitalist, VC), 신기술금융투자사 및 창업기업투자사, 정책금융기관, 신용협동조합 등이 바로 그 기관들이다.

어느 정도 사업을 일구어 놓은 기업가는 자본가가 신용하여 그가 필요로 하는 자본을 조달받을 가능성이 비교적 높다. 회계적으로 증명이 가능한 경영실적을 자본가에게 제공할 수 있고, 또 이미 갖추어 놓은 생산시설과 생산설비, 시장에서 가치를 실현하고 있는 무형자산 등을 담보로 자본가에게 제공할 수도 있기 때문이다. 그러나 초기 기술창업 기업가 혹은 예비 기술창업 기업가는 그러하지 못한다. 기술창업에 대한 아이디어만을 가지고 자본가가 신용하여 자본을 공급하도록 해야 하기 때문이다. 혹여, 그 기업가가 자신의 아이디어를 더욱 구체화하고 무형의 자산으로 등록하였다 하더라도 상황은 별반 달라지지 않는다.4) 즉, 자본가가 초기 기술창업 기업가 혹은 예비 기술창업 기업가를 신용하는 일은 그렇지 않은 기업가를 신용하는 일보다 어렵기 때문에 그들은 자본가로부터 자본을 조달하기가 쉽지 않다.

기술금융은 기술기업에게 적절한 기업금융을 적기에 지원해주기 위하여 고안되었지만, 모든 기술기업에게 균등히 초점을 맞추고 있지는 않다. 초기 기술창업 기업가와 예비 기술창업 기업가, 아직 자생력을 갖추지 못한 기술기업이 기술금융의 주요 대상이기 때문이다. 다만, 실상은 그러하지 못함에도 말이다.

기술금융을 공급하는 자본가는 그 대상이 되는 기업가(혹은 기업)의 신용을 기존의 기업금융과 다른 방식으로 판단한다. 그 이유는 기술금융의 주요 대상이 되는 기업가가 기존의 기업금융을 위한 신용 판단방

---

4) 현대 사회에서 산업재산권 혹은 지식재산권이라 불리는 특허권, 실용신안권, 상표권, 디자인권, 소프트웨어 프로그램 등록증, 임치기술 등은 여기서 언급하고 있는 무형의 자산에 해당한다.

법으로는 자본가의 신용을 얻기가 어렵기 때문이다. 기술평가와 기술가치평가, 기술사업성평가 등은 기술금융을 위해서 자본가가 기업가에게 행하는 신용을 판단하는 방법이다.

자본가는 이러한 신용 판단방법을 사용할 수밖에 없다. 기술금융의 주요 대상인 기업가들은 현재 기술 및 아이디어, 기술사업화에 대한 의지만을 가지고 있기 때문이다. 그래서 자본가는 기업가가 보유한 기술 및 아이디어가 얼마나 사업성이 있는지, 만일 기업가가 사업에 실패한다면 보유한 기술을 수요처에 매각하여 공급한 자본을 얼마나 회수할 수 있는지를 판단할 수밖에 없다. 기술금융은 자본가에게 매우 도전적이고 혁신적인 기업금융인 셈이다. 기업가가 새로운 결합을 통해 무(無)에서 유(有)를 창조할 수 있는지 예측해야 하기 때문이다. 자본가 자신이 기업가에게 자본을 공급해줌으로써 말이다.

기술금융을 공급하는 자본가는 기술창업을 수행하는 기업가만큼, 아니 그보다 더욱 많은 기술혁신에 대한 이해를 가진다. 그래서 그 자본가는 기술경제의 조성을 촉진하고, 더욱 진보한 기술창업을 유도한다. 또 조력한다. 기술금융은 기존의 기업금융에 비해 리스크가 높다. 무에서 유를 창조하려는 기업가를 대상으로 자본을 공급하기 때문이다. 기술금융은 기존의 기업금융에 비해 기술과 기술혁신에 대한 높은 수준의 이해가 필요하다. 즉, 자본가는 금융에 대한 전문지식은 물론 기술과 기술혁신에 대한 전문성을 일정 수준 반드시 갖추어야만 한다. 이것은 쉽지 않은 일이다. 그럼에도 불구하고 자본가는 이러한 전문성을 갖추고 기술금융을 지원할 수밖에 없다. 그 이유는 기술금융이 기존의 기업금융에 비해 높은 수익성을 가져다 줄 뿐만 아니라,

지속가능한 경제발전을 위한 기술경제의 조성에 적지 않은 기여를 하기 때문이다.

자본시장에서 기술금융은 매우 다양한 형태로 이루어지고 있다. 그래서 기술금융은 실행적인 측면 또는 형태적인 측면에 의해서 정의되기 어렵다. 기술금융의 정의를 정확하게 하기 위해서는 반드시 기술금융의 본질적인 목적이 고려되어야만 한다. 그러나 국내에서는 그러하지 못하여 그 정의가 다소 왜곡되었고, 기술금융의 실행도 다소 변질된 경향이 없지 않다.

국내 기술금융의 시발점은 1954년 한국산업은행 기술부의 신설이다. 이후 1969년 한국감정원의 설립, 1979년 중소기업진흥공단5)의 설립, 1989년 기술신용보증기금6)의 설립, 2000년 <기술이전촉진법(現 '기술의 이전 및 사업화 촉진에 관한 법률')>의 제정 및 시행 등이 이루어지면서 국내 기술금융은 더욱 전문화되었고 확대되었다. 우리가 이 연혁을 통해서 알 수 있는 사실은 국내 기술금융이 정부 주도하에 이루어진 정책금융이라는 것이다. 국내 기술금융기관들은 대다수가 기술평가나 기술가치평가, 또는 기술사업성평가 등을 수행하여 기술창업 기업가에게 자본을 공급한다. 그래서 국내 기술금융은 기술평가 등을 반드시 수반해야 하는 기업금융이라고 정의되고 있다. 안타깝게도 이 정의는 기술금융 본연의 목적과 취지를 오롯이 담아내지 못하고 있다.

---

5) 2019년 4월 새로 개정된 〈중소기업진흥에 관한 법률〉이 시행되면서 중소기업진흥공단은 기관명을 '중소벤처기업진흥공단'으로 변경하였다.
6) 현재는 상호를 변경하여 기술보증기금이라는 기관명을 사용하고 있다.

2014년 7월 이후 기술금융의 정의는 한 번 더 변질된다. 박근혜 정부는 창조경제 실현을 위한 경제정책의 하나로서 기술금융을 민간 금융시장에 보급하고 활성화시킨다. 이 과정에서 박근혜 정부는 여러 인프라들을 구축함[7]과 함께 기술금융의 정의를 구체화하는데, '기술금융은 금융위원회의 인가를 받은 기술신용평가기관[8]으로부터 기술(신용)평가를 받아 기업에게 대출 및 투자를 해주는 것'이라고 정의한다. 이 정의는 기술금융을 너무 협의의 의미로 해석한 것이기에 문제가 있다. 이렇게 문제가 있는 기술금융의 정의를 문재인 정부에서도 그대로 이어 받는다. 이 정의는 앞으로의 정부들에서도 크게 변하지 않을 것 같다. 이러한 이유로 국내 기술금융은 기술기업을 대상으로 하는 모든 형태의 금융이 아닌 하나의 특정한 금융으로 우리에게 인식되고 있는 상황이다.

지금과 같은 국내 기술금융의 정의는 한계를 가질 수밖에 없다. 기술금융 본연의 의미를 너무도 축소시켰기 때문이다. 그래서 국내 기술금융의 정의는 재정립되어야 할 필요가 있다. 그럼에도 불구하고, 국내 기술금융은 기술창업 기업가들에게 친화적인 자본시장을 조성하는 데 적지 않은 역할을 하고 있다.

---

7) 기술정보집중기관(Technology Data Base, TDB)과 기술신용평가기관(Technology Credit Bureau, TCB)의 설립, 관련된 법령들의 개정, 금융위원회의 정책 수립 및 시행 등이 해당한다.

8) 산업통상자원부로부터 인가를 받은 기술평가기관 역시 경우에 따라 인정된다.

기술경제와 경제발전

정부의 기술금융
: 기술보증기금을 중심으로

01. 기술보증기금은 국가의 경제발전을 위해서 어떠한 기여를 하고 있는지 논하시오.

02. 기술보증기금이 가지는 강점과 약점을 각각 최소 세 가지씩 제시하고, 그 이유를 설명하시오.

03. 현재 기술보증기금의 주요 업무는 기술보증 및 기술평가이다. 향후 기술보증기금이 경제발전에 더욱 기여하기 위해서 강화해야 할 업무는 무엇이 있는지 제시하고, 그 이유를 설명하시오.

04. 기술보증기금의 기술평가는 어떠한 의미를 가지는지 설명하시오.

05. 기술보증기금의 기술보증은 무엇인지 설명하시오. 그리고 기술보증이 기술창업 활성화에 어떻게 기여하는지 논하시오.

06. 기술보증기금은 벤처기업 인증, INNOBIZ 인증, MAINBIZ 인증 등의 각종 인증제도 업무를 수행하고 있다. 각종 인증제도는 기업이 여러 정책적 지원을 정부로부터 받을 수 있는 자격을 부여하는데, 각종 인증제도에 의한 정책적 지원은 어떠한 것들이 있는지 제시하시오. 그리고 각종 인증제도는 기술창업 활성화에 어떻게 기여하는지 설명하시오.

07. 기술신탁이 무엇인지 설명하시오. 그리고 기술신탁이 기술창업 활성화를 위해 어떠한 역할을 하는지 설명하시오.

08. 기술보증기금이 기술신탁을 수행하는 데 있어 필요한 역량은 기술거래 능력, 기술마케팅 능력, 기술가치평가 인프라 등이다. 이 역량이 왜 필요한지, 그리고 기술보증기금이 기술신탁 활성화를 위해서 어떠한 역량들을 추가적으로 갖추어야 하는지에 대해서 논하시오.

09. 기술보증기금이 수행하는 직접투자는 왜 중요한지 논하시오.

10. 기술보증기금은 혁신성장 플랫폼(혹은 종합 기술금융 플랫폼)을 기술기업에게 제공하고자 한다. 이 목적을 달성하기 위해서 기술보증기금은 어떠한 노력을 추가적으로 해야 하는지 논하시오.

11. 기술보증기금의 기술보증은 직접 여신 및 투자보다 기업의 자본조달 입장에서 비효율적이라는 의견이 일부 제기되고 있다. 기술보증은 기업에게 직접 금융 지원을 하는 것이 아닌 은행의 여신 등을 위해서 제3자 채무보증을 제공하는 간접 금융 지원이다. 그렇기 때문에 기업의 입장에서 기술보증은 직접 금융 지원보다 자본조달을 위한 절차가 많아 행정 부담이 있고, 은행의 이자 부과는 물론 기술보증기금의 보증료 부과도 있어 기업에게 상대적으로 비용 부담이 크다. 그럼에도 불구하고 기술보증기금은 기업에게 여신이 아닌 기술보증을 지원하는데, 그 이유는 기술보증이 신기술 창업생태계 조성에 기여하고 자본시장에서 중요한 의미를 가지기 때문이다. 기술보증이 가지는 그 의미에 대해서 사례를 제시하며 논하시오.

12. 기술보증기금의 기술평가시스템(KTRS)에 대해서 설명하시오.

05 SUBJECT

정부의 기술금융 : 기술보증기금을 중심으로

　기술보증기금은 담보능력이 미약한 기업의 채무를 보증하여 기업에 대한 자금 융통을 원활하게 하기 위해서 설립되었다. 기술보증기금의 설립은 <기술보증기금법(법률 제15685호)>에 의거하고, 이 법은 기술보증제도를 정착 및 발전시킴으로써 신기술사업에 대한 자금의 공급을 원활하게 하고, 나아가 국민경제의 발전에 이바지함을 목적으로 제정되었다. 즉, 기술혁신을 구체화하는 기업가에게 보수적인 입장을 취하는 자본시장을 보완하기 위해서 기술보증기금은 설립되었다.

　기술보증 및 기술평가는 기술보증기금의 핵심 업무이다. 그 이유는 기술보증기금의 설립목적을 달성하는 데 매우 중요한 업무이면서, 현재 기술보증기금의 다양한 업무들이 기술보증 및 기술평가를 토대로 수행되고 있기 때문이다. 여신 및 투자, 기술거래, 기술신탁, 각종 인증제도, 지식재산권 금융, 기술 및 경영컨설팅 등은 모두 기술보증 및 기술평가(특히, 기술평가)를 기반으로 하는 기술보증기금의 업무들이다.

　기술보증기금은 국내 자본시장을 개선 및 보완하고, 기술창업 기업가에게 자본을 직·간접적으로 공급하며, 첨단기술 기반의 산업구조로 개편하는 데 지대한 기여를 한다. 뿐만 아니라, 국내 주식시장에 활력을 불어넣고, 신기술 창업생태계를 조성하며, 중소기업의 기술탈취를 사전에 방지하는 데에도 적지 않은 기여를 한다. 즉, 기술보증기금은 기술경제의 조성과 경제발전을 위해 매우 중요한 역할을 수행하고 있다.

기술보증

일반적으로 담보력이나 신용도가 낮은 중소기업은 자신들이 기술혁신을 구체화함에 있어서 필요한 자본을 조달하기가 어렵다. 그 이유는 자본가가 새로운 결합을 수행하기 위하여 기업을 설립하고 운영하는 기업가를 신용하는 데 어려움이 있기 때문이다. 혹자는 자본가가 기업가를 그냥 믿어보고 자본을 공급해주면 안 되는가 라는 의문을 가질지 모른다. 이러한 의문의 제기는 당연한지 모른다. 보통의 인간관계에서는 말이다. 그러나 자본가, 즉 금융기관은 그럴 수 없는 환경에 놓여있다. 바젤은행감독위원회의 바젤협약이 바로 그것이다.

바젤은행감독위원회(Basel Committee on Banking Supervision)는 1974년 9월 독일의 헤르슈타트은행(Bankhaus Herstatt)이 파산하자 1974년 12월 G10 회원국 등 주요 국가들의 중앙은행 총재들이 국제적인 신용불안을 진정시키고자 설립한 국제금융감독기구이다. 바젤은행감독위원회는 국제결제은행[1] 기준 자기자본비율(이하 'BIS ratio') 등은행의 건전성 기준을 정하고, 은행감독업무의 질적 수준 향상 및 가이드라인을 개발한다. 또한, 각국 감독제도의 문제에 대한 조기경보, 은행감독 및 외환시장 담당자 간의 협력 증대 노력을 한다.[29,30]

바젤은행감독위원회의 바젤협약(Basel Accords)은 은행의 규제와 관련된 권고안으로서, '바젤 I~III'로 구성된다. 바젤 I 은 1988년 시행, 바젤 II는 2007년 시행, 바젤 III는 2013년 시행되었는데, 최신의 권고안이 시행되면서 이전의 권고안을 수정하거나 대체했다. 즉, 최근 권고안인 바젤 III는 이전 권고안인 바젤 II와 바젤 I의 내용들을 포괄함은 물론 더욱 강화된 내용들을 담고 있으며, '최소 자본의 규제', '금융당국의 감독체계', '시장규율의 강화'라는 세 기둥(Pillar I~III)으로 구성되어 있다.

바젤협약에서 권고하는 BIS ratio는 금융기관이 담보력이나 신용등급이 미미한 기술기업에게 금융을 지원하는 데 제약을 가한다. 보다 정확하게 말하면, 자본가로 대표되는 금융기관이 기술기업에게 보수적인 자본공급을 할 수밖에 없는 금융환경을 조성한다.

[그림 5.1]은 BIS ratio의 개념을 보여준다. BIS ratio는 자기자본을 위험가중자산으로 나누고 '%'로 계산한 값이다. 바젤협약에서 권고하는 BIS ratio는 8% 이상이지만, 한국의 금융당국이 국내 시중은행들에게 권고하는 BIS ratio는 13% 이상이다(2018년 12월 기준 현재). 양호한 수준의 BIS ratio를 가지기 위해서는 그 산식 상 자기자본을 늘리거나 위험가중자산을 줄여야 한다. 시중은행이 획기적으로 수익을 증대

---

1) 국제결제은행(Bank for International Settlements, 이하 'BIS')은 국제금융의 안정을 목적으로 각 나라 중앙은행의 관계를 조율하는 국제협력기구이다.[31]

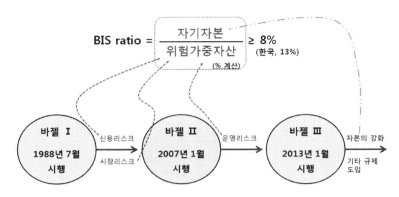

$$\text{BIS ratio} = \frac{\text{자기자본}}{\text{위험가중자산}} \geq 8\%$$

(% 계산)　(한국, 13%)

바젤 Ⅰ
1988년 7월
시행

신용리스크
시장리스크

바젤 Ⅱ
2007년 1월
시행

운영리스크

바젤 Ⅲ
2013년 1월
시행

자본의 강화
기타 규제
도입

그림 5.1 | BIS ratio의 개념

시켜 자기자본을 늘리기란 현실적으로 어렵다. 한국 경제를 포함하여 전 세계 경제가 침체되어 있거나 저성장 기조를 나타내고 있어 저금리 상황이 지속되고 있기 때문이다. 새로운 수익원을 확보하여 자기자본을 늘리는 방법 역시 현실적으로 어려움이 있다.

그렇다면 위험가중자산을 줄이는 수밖에 없다. 위험가중자산은 보유 자산에 위험가중치를 곱하여 계산한다. 여기서 위험가중치는 금융회사 전체의 표준인 '표준등급법'과 해당 은행의 자체적인 특성을 반영한 '내부등급법'에 따라 다르게 산정된다. 내부등급법을 사용할 경우 통상 위험가중치가 낮아져 은행에 유리하다. 바젤 Ⅰ과 바젤 Ⅱ의 영향으로 위험가중자산의 산출은 신용리스크[2]와 시장리스크[3], 운영리스크[4]를 반영한다. 따라서 담보력과 신용등급이 낮은 기술기업에게 자본

---

2) 신용리스크는 금융 거래의 상대편이 계약에 명시한 채무를 이행하지 않아 손실이 발생할 위험을 말한다.[32]

3) 시장리스크는 시장의 상태가 변화하여 증권 따위 위험자산의 시장가격 또는 투자수익률이 변동하는 위험을 말한다.[33]

을 공급하면 금융기관, 즉 은행의 위험가중자산은 증대될 수밖에 없다. 이러한 이유로 은행은 미래가치가 높은 기술기업일지라도 현재의 담보력과 신용등급이 낮으면 자본을 쉽게 공급하기 어렵다.

기술보증은 바젤협약 등의 영향으로 기술기업에게 보수적 금융행태를 보이는 자본시장을 개선하고 보완하는 기능을 가진다. 기술보증기금은 다음처럼 기술보증을 정의한다. 기술보증은 담보력이 부족하고 신용등급이 낮은 중소기업 및 창업기업이 은행이나 창업기업투자사, 신기술금융투자사 등의 금융기관으로부터 기술사업에 필요한 자본을 원활하게 조달할 수 있도록 기술성과 사업성, 시장성 등 미래가치를 평가하여 채무보증을 지원하는 제도이다([그림 5.2] 참고).[5] 여기서 채무보증이란 신용이나 충분한 담보가 없는 개인 혹은 기업이 차입을 할 때 신용이 있는 제3자가 그 채무에 대하여 보증하는 제도이다.

금융기관은 담보력과 신용등급이 낮은 기술기업에게 자본을 공급하기 어렵지만, 신용이 있는 제3자가 채무보증을 지원한다면 비교적 수월하게 자본을 공급할 수 있다. 신용이 있는 제3자란 채무자가 채권자에게 변제를 할 수 없는 경우 채무자를 대신해서 변제를 하는 개인이나 법인, 기관을 말한다. 채무보증을 지원하는 제3자는 누구나가 될 수 없다. 채무자의 채무이행을 대신해야만 하기 때문이다. 따라서 채무보증을 지원하는 제3자는 자산을 충분히 보유하고 있는 개인 또는 법인,

---

4) 운영리스크는 사업을 운영하는 과정에서 발생하는 손실 위험을 말한다.[34]

5) 기술보증기금의 기술보증은 자본의 성격에 따라 '여신용 기술보증'과 '투자용 기술보증'으로 구분된다. 여신용 기술보증은 은행에 제공되고, 투자용 기술보증은 창업기업투자사나 신기술금융투자사 등의 투자회사에 제공된다.

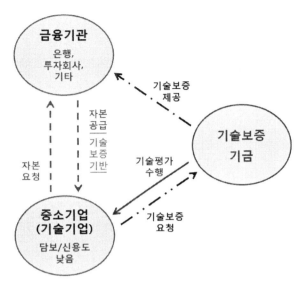

그림 5.2 | 기술보증의 개념

아니면 정부가 될 수밖에 없다. 국내 현실에 비추어 볼 때, 국가적 사명감을 가지고 채무보증을 지원하는 제3자가 될 수 있는 대상은 정부(혹은 정부에 속한 공공기관)뿐이다.

기술보증기금은 대한민국 정부에 속한 공공기관이다. 그렇기 때문에 금융기관의 입장에서 기술보증기금은 충분한 신용을 가지고 있어 채무보증을 지원하는 제3자로 적합하다. 기술보증기금이 담보력과 신용등급이 낮은 기술기업에게 채무보증을 지원한다면, 금융기관은 기술보증기금을 신용하여 기술기업에게 채무보증이 가능한 금액만큼 자본을 공급할 수 있다. 즉, 금융기관은 기술기업이 아닌 기술보증기금을 믿고 금융 지원을 한다.

다시 말해, 기술보증기금은 담보력과 신용등급이 낮은 기술기업이 채무보증의 지원을 요청하면 소정의 절차를 거쳐 금융기관이 그 기업에게 자본을 공급하도록 채무보증, 즉 기술보증[6]을 지원한다.

기술보증은 기술기업과 금융기관에 대하여 다음과 같은 중요한 기능들을 가진다.[7]

첫째, 기술보증은 기술기업이 필요한 자본을 조달할 수 있도록 도움으로써 신기술 창업생태계에 긍정적인 영향을 미친다. 그 이유는 담보력과 신용등급이 낮은 기술기업, 특히 창업 초기의 기술기업이 적기에 적절한 자본을 금융기관으로부터 조달하여 사업의 기틀을 세우고 사업을 일구어 가도록 지원하는 기능을 기술보증이 가지기 때문이다. 즉, 개인이나 기업이 첨단기술의 사업아이템만으로 필요한 자본을 손쉽게 금융기관으로부터 조달하여 스케일업(Scale-up) 해나갈 수 있는 환경이 조성된다면 기술창업은 활발하게 이루어질 수 있는데, 기술보증은 그 환경을 조성하는 데 큰 기여를 하기 때문이다.

둘째, 금융기관이 바젤협약에서 권고하는 BIS ratio를 준수하면서 미래가치가 높은 기술기업을 새로운 차주로 확보하는 데 기여하고, 기술기업의 신용 판단방법을 개선하는 데 기여한다. 그 이유는 기술보증이 금융기관에서 담보로 취급될 수 있어 담보력과 신용등급이 낮은 기

---

6) 기술보증기금의 채무보증을 기술보증이라 부르는 이유는 기술보증기금이 항상 기술평가를 수행한 결과를 토대로 채무보증을 지원하기 때문이다. 즉, 기술보증은 기술평가를 수반하는 채무보증인 셈이다.

7) 어쩌면 '기능'보다 '효과'나 '영향'이라고 받아들이는 편이 더욱 적절할 수 있다.

술기업을 새로운 차주로 확보하더라도 위험가중자산이 크게 증가하지 않기 때문이고, 기술보증 시 첨부되는 기술평가서가 기술혁신을 구체화하는 기업의 미래가치를 예측하는 정보들을 제공하기 때문이다. 기술보증의 담보로서 기능은 금융기관의 건전성을 해치지 않으면서 미래가치가 높은 고객을 확보할 수 있도록 한다. 즉, 금융기관은 기술보증으로 수익성을 향상시키고, 그 결과 자기자본이 증대되면 기존보다 공격적인 금융 지원이 가능해진다. 기술보증 시 첨부되는 기술평가서에는 기술보증 대상 기업의 기술성과 사업성, 기술사업화 역량 등 고급 정보들이 포함되어 있고, 그 정보들을 토대로 미래가치를 예측하여 그 기업을 신용하는 방법이 기록되어 있다. 그래서 금융기관은 의지만 있다면 기술평가서를 활용하여 신용 판단방법을 미래지향적으로 개선할 수 있다.

기술평가

기술금융의 범주에 속하는 모든 업무는 기술평가로부터 시작된다. 기술평가는 기술보증 등의 금융 지원, 무형자산으로서 기술의 가치 산정, 각종 인증을 위한 목적으로 수행된다. 그래서 목적하는 바에 따라 다른 평가시스템을 사용하여 기술평가는 진행된다.

기술보증기금은 국내 종합 기술금융기관으로서 다양한 기술평가시스템을 보유하고 있다. 12개 종류 및 61개 세부모형이 갖춰진 KTRS (Kibo Technology Rating System), INNOBIZ 인증용 기술평가시스템,

녹색인증용 기술평가시스템, 특허평가시스템(Kibo Patent Appraisal System, KPAS) 등이 바로 기술보증기금이 보유하고 있는 기술평가시스템들이다. KTRS는 기술보증기금의 대표 기술평가시스템이다. 그 이유는 KTRS가 기술보증[8] 지원을 위해 사용되고 있기 때문이다.

기술평가의 본래 의미는 기술 자체에 대한 평가였으나, 기술과 기업(사업) 간의 관계가 밀접해지면서 현재 그 의미는 대상기술의 기술성, 시장성, 사업타당성 등을 분석하고 결과를 금액, 등급, 의견 등으로 표현하는 것으로 변하였다. KTRS를 비롯한 기술보증기금의 다수 기술평가시스템들은 경영주 역량, 기술성, 시장성, 사업성의 항목들로 구성되어 있는데, 현재의 기술평가 의미가 반영된 결과이다.

<표 5.1>은 KTRS가 어떠한 평가항목들로 구성되어 있는지 보여준다. 대항목은 총 4개로서, 경영주 역량, 기술성, 시장성, 사업성이다. 대항목은 몇 개의 중항목들을, 중항목은 여러 개의 소항목들을 포함하고 있다. 각 중항목과 소항목은 자신이 속해 있는 대항목과 중항목을 가장 잘 평가하도록 구성되어 있다. 대항목 '경영주 역량'을 평가하기 위해서는 중항목 '기술수준'과 '관리능력', '경영진의 구성 및 팀워크'를 평가하면 된다. 그리고 이들 중항목을 평가하기 위해서는 소항목 '동업종 경험수준'과 '기술지식수준', '기술이해도', '기술인력관리', '경영관리능력', '자본참여도' 등을 평가하면 된다. 즉, KTRS는 소항목만 평가하면 중항목과 대항목이 자동으로 평가되어 기술등급(평가등급)이 산출되는 특징을 가진다.

---

8) 기술보증은 기술보증기금에서 가장 큰 비중을 차지하는 업무일 뿐만 아니라, 기술보증기금의 설립목적을 달성하는 데 매우 중요한 업무이다.

표 ᄂ.l │ KTRS 평가항목의 구성

대항목	중항목	소항목
경영주 역량	기술수준	동업종 경험수준, 기술지식수준, 기술이해도
	관리능력	기술인력관리, 경영관리능력, 기술경영전략
	경영진의 구성 및 팀워크	경영진의 전문지식수준, 자본참여도, 팀워크
기술성	기술개발 역량	기술개발전담조직, 기술인력
	기술개발 현황	기술개발 및 수상(인증)실적, 지식재산권 보유 현황, 연구개발투자
	기술혁신성	기술의 차별성, 모방의 난이도, 기술의 수명주기
	기술의 완성도 및 확장성	기술의 완성도, 기술의 자립도, 기술적 파급효과
시장성	시장현황	목표시장의 규모, 시장의 성장성
	경쟁요인	경쟁상황, 법·규제 등 제약/장려요인
	경쟁력	인지도, 시장점유율, 경쟁제품과의 비교우위성
사업성	제품화 역량	생산 역량, 투자규모의 적정성, 자본조달능력
	수익전망	마케팅 역량, 판매처의 다양성 및 안정성, 투자 대비 회수가능성

※ 출처 : 기술보증기금 홈페이지에 게시된 자료를 재가공

<표 5.2>는 KTRS 평가등급의 정의를 보여주는데, 각 등급은 대상기술의 우수성만이 아닌 기술사업화 역량과 사업 부실화의 가능성을 제시하고 있다. KTRS 기술평가에 의해 산출된 평가등급이 <표 5.2>와 같은 의미를 내포하는 이유는 KTRS가 대상기술만을 평가하지 않고 기업(혹은 기업가)이 대상기술을 토대로 사업을 잘 수행할 수 있을지 전반적으로 평가하기 때문이다. 따라서 KTRS는 기술사업화 및 사업 부실화 가능성을 예측하기 위한 기술평가시스템이라 정의할 수 있다.

표 4.2 | KTRS 평가등급의 정의

평가등급	정의
AAA	· 기술사업화 역량이 최고 수준으로, 합리적으로 예측 가능한 장래의 환경변화에도 영향 받지 않을 만큼 안정적임.
AA	· 기술사업화 역량이 매우 우수하며, 사업 부실화의 가능성이 매우 낮지만 급격한 환경변화에 다소 영향 받을 수 있음.
A	· 기술사업화 역량이 우수하며, 사업 부실화의 가능성이 낮지만 급격한 환경변화에 영향 받을 수 있음.
BBB	· 기술사업화 역량이 우수하며, 사업 부실화의 가능성이 낮지만 환경변화에 따라 영향 받을 수 있음.
BB	· 기술사업화 역량이 양호하며, 사업 부실화의 가능성이 낮지만 환경변화에 따라 상당히 영향 받을 수 있음.
B	· 기술사업화 역량이 보통 수준으로 사업 부실화의 가능성을 무시할 수 없음.
CCC	· 기술사업화 역량이 다소 미흡하여 사업 부실화의 가능성이 일부 존재하지만 전반적인 사업 추진이 타당함.
CC	· 기술사업화 역량이 미흡하여 사업 부실화의 가능성이 존재함.
C	· 기술사업화 역량이 미흡하여 사업 부실화의 가능성이 다소 높음.
D	· 기술사업화 역량이 미흡하여 사업 부실화의 가능성이 높음.

※ 출처 : 기술보증기금 홈페이지에 게시된 자료를 재가공

KTRS는 기술기업을 신용하기 위한 기존과는 다른 신용 판단방법이다. 자본가, 특히 은행은 현재 BIS ratio를 준수하기 위하여 위험가중자산을 증대시키지 않는 신용 판단방법을 사용하고 있다. 그러나 그 판단방법은 창업 초기의 기술기업과 예비 기술창업 기업가에게 매우 부정적인 영향을 미친다. 그 이유는 과거 재무적 경영성과에 기반 한 신용평가와 담보력 평가가 은행이 수행하는 신용 판단방법이기 때문

이다. 자본시장의 보수적 금융행태를 개선하고 보완하기 위한 제도라 할지라도, 기술보증기금 역시 기술기업을 신용하지 못하고는 기술보증을 지원하기 어렵다. 기술보증 역시 간접적이지만 자본의 공급, 즉 금융 지원이기 때문이다. 그래서 기술보증기금은 KTRS 기술평가로 미래가치를 평가하고, 그 결과를 토대로 기술기업을 신용하여 기술보증 지원을 하고 있다.

KTRS 기술평가는 기술보증기금의 기술보증이 기술기업에게 의미 있는 금융 지원이 되도록 기여하고 있다. [그림 5.3]은 KTRS 기술평가를 수반한 기술보증 지원을 받은 기업들의 1년 이내 사고율9)을 보여준다. 2017년 기준 연간 사고율은 1.25%에 불과했다. 그리고 평가등급이 높을수록 사고율은 확연히 낮아졌다. 이러한 결과는 기술보증기금이 기술기업의 신용 판단방법으로 KTRS 기술평가를 수행하는 것에 대한 타당성을 제공하고 있다.

기술가치평가는 현재 매출을 시현하고 있거나 향후 매출을 시현하게 될 기술의 가치를 평가하여 금액으로 산정하는 제도이다. 기술가치평가는 대상기술의 가치를 평가하여 금액으로 산정해야 하기 때문에 평가한 결과를 등급과 의견으로 제시하는 KTRS 기술평가와 다른 평가시스템을 사용한다. 또한 기술보증 등의 금융 지원을 목적으로 하는 KTRS 기술평가와 달리 기술가치평가는 기술이전 및 기술거래, 기업가치 제고, 기술신탁 등의 목적으로 수행된다.

---

9) 사고율은 부도나 폐업 등의 사고가 발생한 비율을 말한다.

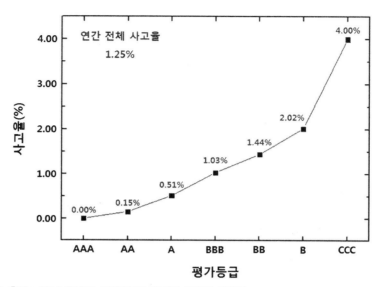

연간 전체 사고율

1.25%

0.00%
0.15%
0.51%
1.03%
1.44%
2.02%
4.00%

사고율(%)

AAA AA A BBB BB B CCC

평가등급

※ 출처 : 기술보증기금 홈페이지에 게시된 자료를 재가공

그림 5.3 | KTRS 평가 후 1년 이내 사고율(2017년 기준)

[그림 5.4]는 기술가치의 개념도이다. 기술가치를 논할 때, 기술은 기업이 사업을 일구어 나가는 데 있어 필요한 주요 자산이라는 것과, 기술의 가치는 기업의 가치에 직접적인 영향을 미친다는 것이 기본적으로 전제되어야 한다. 따라서 기술의 가치를 평가한다는 것은 '대상기술이 기업의 가치를 얼마나 제고시킬 수 있느냐?' 혹은 '대상기술이 현재 기업의 가치에 얼마나 기여하고 있느냐?'를 판단하는 일이다. 기술가치평가를 통해서 기술의 가치가 금액으로 산정되면, 대상기술을 보유한 기업은 자본시장에서 자신의 가치를 투자자들에게 재평가 받을 수 있고, 대상기술을 보유하고자 하는 기업은 적정한 가격

그림 5.4 | 기술가치의 개념

으로 기술을 매수할 수 있다. 또한, 자본이 급하게 필요한 기업은 자신이 보유한 대상기술을 담보하여(혹은 신탁하여) 금융기관으로부터 금융 지원을 받을 수도 있다.

　시장접근법, 비용접근법, 수익접근법은 기술가치평가를 수행하는 데 사용되는 방법들이다([그림 5.5] 참고). 시장접근법은 비교대상이 되는 유사기술의 거래사례로부터 대상기술의 가치를 추정하는 방법이고, 비용접근법은 대상기술을 개발하거나 매수하는 데 소요된 비용을 고려하여 대상기술의 가치를 추정하는 방법이다. 수익접근법은 대상기술로부터 창출될 미래의 수익을 현재가치로 환산하여 대상기술의 가치를 추정하는 방법이다.

그림 4.4 │ 기술가치평가의 방법

　기술가치평가로 산정된 대상기술의 금액과 실제 당사자들 간에 거래되는 대상기술의 금액은 반드시 일치하는 것은 아니다. 시장에서의 수요와 공급이 재화에 대한 가격조정자 역할을 하듯, 높은 비용을 지불해야 할지라도 대상기술의 수요가 많다면 실거래 가격은 더욱 오를 수밖에 없고, 이와 반대로 대상기술의 수요가 적다면 실거래 가격은 내려갈 수밖에 없다. 그래서 기술가치평가로 산정된 대상기술의 금액은 실거래 시 상한가 및 하한가를 제시하는 기능으로서 의미를 가진다.

　기술보증기금에서 수행되는 인증용 기술평가는 각 인증의 취지에 부합하도록 여러 평가시스템들이 사용되고 있다. 벤처기업을 확인해주기 위한 기술평가는 KTRS 기술평가시스템을 사용하고 있지만, INNOBIZ 인증을 위한 기술평가는 KTRS 기술평가시스템과 유사하나

다른 평가시스템을 사용하고 있다. 녹색기술 인증 등을 위한 기술평가 역시 각기 다른 기술평가시스템을 사용하고 있다. 그러나 대부분의 인증용 기술평가시스템들은 기술성, 시장성, 사업성, 경영주 역량을 평가하는 항목들로 구성되어 있다는 공통점이 있다.

직접투자

직접투자는 기술보증기금에서 비중이 높지 않은 업무들 중 하나이다. 그러나 그 중요도는 여느 업무들에 비해 절대로 낮지 않다. 기술보증기금은 2019년 기준 현재 세 가지 유형의 투자(보증연계투자, 투자옵션부보증, 벤처투자연계)를 기술기업에게 지원하고 있다.[10] 그러나 엄연하게 따지자면, '보증연계투자'와 '투자옵션부보증'만을 직접투자로 볼 수 있다. '벤처투자연계'는 한국벤처캐피탈협회에 등록된 모험자본 투자기관의 투자와 연계하여 보증 지원을 하는 제도이기 때문이다.

직접투자는 2018년 5월 28일 국회의 심의를 통과한 '기술보증기금법 일부개정법률안'에 근거하여 기술보증기금 기본재산의 20% 이내 범위에서 이루어질 수 있다. 기술보증기금법 일부개정법률안이 국회의 심의를 통과하기 이전까지 기술보증기금은 기본재산의 10% 이내 범위에서 투자를 할 수밖에 없었다. 향후 기술보증기금이 종합 기술금융기관으로서 더욱 역할을 강화하고자 한다면, 직접투자의 비중을 현재

---

10) 현재의 투자 유형은 향후 기술보증기금의 사정에 따라 바뀔 수 있다.

보다 더욱 높일 필요가 있다.[11]

기술보증기금이 지원하는 직접투자는 두 가지 중요한 의미를 가진다. 첫째, 단기자본이 아닌 장기자본을 직접 공급함으로써 기술기업이 단기적으로 금융비용에 대한 부담을 가지지 않고 사업을 영위해나갈 수 있도록 한다. 둘째, 높은 리스크로 인하여 모태펀드나 사모펀드를 운용하는 민간 투자기관에서 투자를 받기 어려운 창업 초기의 기술기업에게 직접 투자를 할 수 있음에 따라 기술창업 활성화에 크게 기여한다.

각종 인증제도

기술보증기금은 금융 지원의 업무뿐만 아니라 각종 인증서를 발급하는 업무도 수행하고 있다. 벤처기업 인증, INNOBIZ 인증, MAINBIZ 인증은 기술보증기금이 취급하는 대표적인 인증제도이다.

기술보증기금이 취급하는 각종 인증제도는 정부의 정책적 지원을 수반한다. 그래서 기술보증기금으로부터 인증서를 발급받은 중소기업 및 창업기업은 사업을 수행하는 데 필요하거나 도움이 되는 세금 감면, 정부 R&D과제 참여, 경영 및 기술지도 등의 다양한 정책적 지원을 받을 수 있다(<표 5.3> 참고).

---

11) 이를 위해서 기술보증기금이(혹은 별도의 자회사가) 모태펀드나 사모펀드 등을 운용하는 방법을 생각해 볼 수 있다.

표 5.3 | 주요 인증제도의 비교

구분	벤처기업 인증	INNOBIZ 인증	MAINBIZ 인증
대상	· 〈중소기업기본법〉 제2조에 의한 중소기업 · 오락, 도박, 사행성, 불건전 소비업종 제외 · 예비창업자	· 업력 3년 이상인 〈중소기업기본법〉 제2조에 의한 중소기업 · 오락, 도박, 사행성, 불건전 소비업종 제외 · 기술사업을 영위하는 중소기업이 주요 대상	· 업력 3년 이상인 〈중소기업기본법〉 제2조에 의한 중소기업 · 오락, 도박, 사행성, 불건전 소비업종 제외 · 비기술사업을 영위하는 중소기업이 주요 대상
평가 중점	· 보유 기술 · 미래가치	· 기술혁신역량 · 보유 기술	· 경영혁신역량
평가 기관	· 기술보증기금 · 중소기업진흥공단 · 한국벤처캐피탈협회	· 기술보증기금	· 기술보증기금 · 신용보증기금 · 한국생산성본부
인증 혜택	· 금융/세제(업력 3년 이내 기업만) · 창업(교수/연구원) 특례 · 산업재산권 출자 특례 · 산업재산권 확보 지원 · 코스닥 시장 특례상장 · 입지 특례 · R&D · 부설연구소 특례 · 인력/컨설팅/홍보 · 기술임치 지원 · 주식교환 · 그 외	· 금융/세제 · R&D · 인력/컨설팅 · 산업재산권 확보 지원 · 코스닥 시장 상장 지원 · 판로/수출 · 그 외	· 금융/세제 · R&D · 판로/수출 · 인력/컨설팅/홍보 · 그 외

각종 인증제도는 기술혁신을 구체화하는 중소기업 및 창업기업이 성장하도록 하고 조기에 자생력을 가지도록 하는 데 적지 않은 기여를 하고 있어, 향후에도 지속되어야 하는 기술보증기금의 중요한 업무이다. 벤처기업 인증은 특히 그러해야 한다. 그 대표적인 이유는 벤처기업 인증이 중소기업에게 코스닥 시장의 특례상장 기회를 주기 때문이다.

기술기업인 중소기업이 코스닥 시장에 상장될 수 있는 유형은 2018년 4월 개정된 규정 기준 네 가지로, 일반기업 대상 상장, 벤처기업 대상 특례상장[12], 기술평가 특례상장[13], 성장성 추천 특례상장[14] 이다. 일반기업 대상 상장을 제외한 나머지 세 가지 유형은 미래가치 및 성장성을 감안하여 상장요건을 완화한 특례상장으로, 코스닥 시장의 활성화와 더욱 많은 중소기업의 상장에 기여하고 있다. 결국, 기술경제의 조성과 경제발전에 기여하고 있다.

<표 5.3>에서 확인할 수 있듯이, 기술보증기금과 중소기업진흥공단, 한국벤처캐피탈협회는 벤처기업 인증서를 발급하는 기관들이다. 기술보증기금의 기술보증을 받은 기업, 중소기업진흥공단의 기술평가대출을 받은 기업, 한국벤처캐피탈협회의 회원사로부터 투자를 받은 기업, 기술보증기금과 중소기업진흥공단의 사업성 우수 R&D기업 및 기술성 우수 예비벤처기업만이 벤처기업 인증을 받을 수 있다. 벤처기업

---

12) <표 5.4>는 2018년 4월 개정된 벤처기업의 코스닥 시장 상장요건이다.

13) 기술평가 특례상장은 금융위원회로부터 기술평가 전문기관으로 인가 받은 기술보증기금과 TCB(Technology Credit Bureau), 정부출연 연구기관의 기술평가(복수)결과 A & BBB 등급 이상인 중소기업을 대상으로 진행되는 특례상장이다.

14) 성장성 추천 특례상장은 '상장주선인'인 투자은행(증권사)이 미래 성장성을 평가하여 추천한 중소기업을 대상으로 진행되는 특례상장이다.

인증은 국내 벤처기업의 개념처럼 일류 기업으로 육성할 필요가 있다고 판단되어 정부가 정책적 지원을 하고자 중소기업에게 발급하는 인증이다. 그래서 벤처기업 대상 특례상장은 설립 초기부터 정부의 정책적 지원을 받은 중소기업이 코스닥 시장에 상장된다는 점에서 매우 의미가 있고 차별성이 있다.

상장(Initial Public Offering, IPO)은 기업이 유상증자[15] 하여 기술사업에 필요한 자본을 직접 개인이나 기관으로부터 조달하는 것이 가능토록 한다. 이때, 유상증자는 그 기업의 현재 및 미래가치에 기반 하여 이루어진다. 상장된 기업은 비전 제시와 경영성과에 따라 언제든 수월하게 자본을 조달할 수 있기 때문에 기술혁신의 적극적인 시도가 가능하고, 기술혁신에 성공할 가능성이 높다.

코스닥 시장에 상장 전이라 하더라도 벤처기업은 비벤처기업에 비해 투자기관으로부터 투자 등의 자본조달이 수월하다. 투자기관은 미래가치 및 성장성과 함께 실현 가능한 출구전략을 판단한 후 중소기업 및 창업기업에게 투자를 진행하는데, 벤처기업은 일반기업보다 완화된 상장요건이 적용되기 때문에 투자금 회수(Exit)가 상대적으로 수월하여 투자유치 가능성이 높다. 이러한 이유로 비상장 벤처기업 역시 기술혁신의 적극적인 시도가 가능하고, 기술혁신에 성공할 가능성이 높다.

---

15) 유상증자는 기업이 대가를 목적으로 주식을 발행하는 행위를 말한다.

표 5.4 | 벤처기업의 코스닥 시장 상장요건(2018년 4월 개정)

구분	일반기업		벤처기업	
	수익성 / 매출액	시장성 / 성장성	수익성 / 매출액	시장성 / 성장성
주식 분산 (택일)	· 소액주주 500명 & 25% 이상, 청구 후 공모 5% 이상 (소액주주 25% 미만 시, 공모 10% 이상) · 자기자본 500억 원 이상, 소액주주 500명 이상, 청구 후 공모 10% 이상 & 규모별 일정 주식 수 이상 · 공모 25% 이상 & 소액주주 500명			
경영 성과 및 시장 평가 등 (택일)	· 법인세차감전계속사업이익 20억 원 & 시가총액 90억 원 · 법인세차감전계속사업이익 20억 원 & 자기자본 30억 원 · 법인세차감전계속사업이익 실현 & 시가총액 200억 원 & 매출액 100억 원 · 법인세차감전계속사업이익 50억 원	· 시가총액 500억 원 & 매출 30억 원 & 최근 2년 평균 매출액 증가율 20% 이상 · 시가총액 300억 원 & 매출액 100억 원 이상 · 시가총액 500억 원 & PBR 200% · 시가총액 1,000억 원 · 자기자본 250억 원	· 법인세차감전계속사업이익 10억 원 & 시가총액 90억 원 · 법인세차감전계속사업이익 10억 원 & 자기자본 15억 원 · 법인세차감전계속사업이익 실현 & 시가총액 200억 원 & 매출액 50억 원 · 법인세차감전계속사업이익 50억 원	· 시가총액 500억 원 & 매출액 30억 원 & 최근 2년 평균 매출액 증가율 20% 이상 · 시가총액 300억 원 & 매출액 50억 원 이상 · 시가총액 500억 원 & PBR 200% · 시가총액 1,000억 원 · 자기자본 250억 원
감사 의견	· 최근 사업연도 적정			
지배 구조	· 사외이사, 상근감사 충족			
기타 요건	· 주식양도 제한이 없을 것 등			

※ 출처 : 한국거래소 홈페이지에 게시된 내용을 재가공

기술신탁

　기술신탁은 기술과 산업재산권을 수탁자산으로 취급하는 신탁이다 ([그림 5.6] 참고). 기술신탁이 어떠한 제도인지 이해하기 위해서는 신탁이 어떠한 제도인지 먼저 이해할 필요가 있다.

　신탁은 일정한 목적에 따라 재산의 관리와 처분을 남에게 맡기는 일이다. <신탁법> 제2조에 의하면, '신탁'의 정의는 신탁을 설정하는 자(위탁자)와 신탁을 인수하는 자(수탁자) 간의 신임관계에 기하여 위탁자가 수탁자에게 특정의 재산을 이전하거나 담보권의 설정 또는 그 밖의 처분을 하고 수탁자로 하여금 일정한 자(수익자)의 이익 또는 특정의 목적을 위하여 그 재산을 관리, 처분, 운용, 개발 등의 행위를 하게 하는 법률관계이다. 기술신탁의 정의는 신탁과 매우 유사하다. 하지만 그 운용방식은 기술과 산업재산권을 수탁자산으로 하기 때문에 꽤나 다르다.

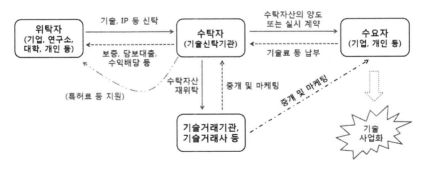

그림 5.6 | 기술신탁의 개념

기술신탁 역시 신탁을 설정하는 위탁자와 신탁을 인수하는 수탁자가 있어야 하고, 수탁자산을 필요로 하는 수요자 또는 수탁자산에 대한 투자로 이익을 얻고자 하는 수익자가 있어야 한다. 기술신탁의 경우 일반 신탁과 달리 수탁자산에 대한 투자로 이익을 얻고자 하는 수익자가 아닌 수탁자산을 필요로 하는 수요자가 존재하는 것이 일반적이다.

기술신탁은 <기술의 이전 및 사업화 촉진에 관한 법률>에 의거 산업통상자원부 장관으로부터 기술신탁관리업 허가를 받은 비영리 기관이 수행한다. 그 이유는 기업이 영리를 목적으로 신탁을 수행하는 것과 달리 기술신탁은 신기술 창업생태계를 조성하려는 목적을 가지기 때문이다. 즉, 기술기업에게 우호적인 기업환경을 만들어주는 것이 기술신탁의 목적이기 때문이다.

기술보증기금은 한국산업기술진흥원(2008년), 연구개발특구지원본부(2009년), 한국보건산업진흥원(2010년), 지식재산전략원(2011년) 다음으로 기술신탁관리업 허가를 받은 비영리 공공기관이고, 2019년부터 기술신탁을 수행하게 된다. 다른 기관들과 달리 기술보증기금은 자본시장에 참여하고 있는 종합 기술금융기관으로, 기존의 여러 업무들과 연계하여 기술신탁을 하는 기술기업에게 더욱 적극적인 금융 지원이 가능하다. 더불어 기술보증기금은 기술신탁을 통해 중소기업 및 창업기업의 기술 및 산업재산권을 보호하는 데 기여할 것으로 기대된다. 수탁자산인 기술 및 산업재산권을 수탁자가 수요자에게 양도 및 실시하도록 계약하기 위해서는 그 수탁자산에 대한 권리를 위탁자가 신탁을 하는 시점부터 가지고 있어야 하는데, 수탁자인 기술신탁기관이 그

권리를 확보하는 데 소요되는 비용을 일부 지원하기 때문이다.

기술신탁이 이루어지기 위해서는 기술거래가 반드시 수반될 수밖에 없는데, 그 이유는 정부에서 기술신탁제도를 도입하게 된 계기에서 찾을 수 있다. 한국산업기술진흥원은 기술신탁제도가 미활용 특허 및 기술을 활용하기 위해서 산업통상자원부에 의해 도입되었음을 밝히고 있다. 그래서 미활용 특허 및 기술을 활용하여 사업화 가능한 수요자를 찾아 이전계약 체결을 주관하는 역할을 기술신탁기관이 맡고, 기술신탁기관은 이 역할을 수행하기 위하여 기술거래 능력이 있어야 한다. 기술신탁은 위탁자가 수탁한 미활용 특허 및 기술을 수요자에게 기술거래를 통해 이전하는 과정을 포함하고, 또한 위탁자에게 기술거래를 통해 얻은 수익을 배분하는 과정을 포함한다.

"지난해 7월 기술보증기금이 중소벤처기업부로 이관된 뒤 기술신탁 관리기관으로 지정돼 중소기업의 기술보호와 기술거래 활성화에도 기여하게 되었다." 2018년 10월 31일 부산에서 개최된 기자간담회에 참석한 기술보증기금 정윤모 이사장의 발언이다. 이 발언처럼 기술보증기금은 기술신탁을 통해 기술보호와 기술거래 활성화에 기여하고, 더 나아가 신기술 창업생태계 조성에도 기여할 것이다.

그 외

기술보증기금은 기술보증 및 기술평가, 직접투자, 각종 인증제도, 기술신탁 외에도 기술 및 경영컨설팅, 전문 강좌 등의 업무를 수행하여 기술기업을 지원한다.

컨설팅(Consulting)은 특정 분야의 전문적인 지식을 가진 사람이 의뢰자가 요청하는 사안에 대해 진단하고 문제가 발견되면 개선안을 제시하는 일이다. 기술보증기금의 컨설팅은 중소기업 및 창업기업, 예비창업자가 겪는 사업상 문제를 해결하는 데 도움이 되고 있다. 기술보증기금은 주요 고객이 기술기업이라는 특성상 경영컨설팅과 기술컨설팅을 복합적으로 제공하고 있다.

기술보증기금은 창업 준비부터 위기 대응 및 재도전 단계까지 기업에게 성장 단계별 맞춤형 컨설팅을 제공하고, 기업의 기술경쟁력 강화와 경영합리화를 도모하기 위해서 기업에게 기술 및 경영컨설팅을 제공하고 있다. 또한, 기술보증기금은 기업이 현재 겪고 있는 기술 및 경영 문제를 해결하는 데 도움을 주기 위해서 다양하고 전문적인 컨설팅을 제공하고 있다.

[그림 5.7]은 기술보증기금의 컨설팅 체계를 보여준다.

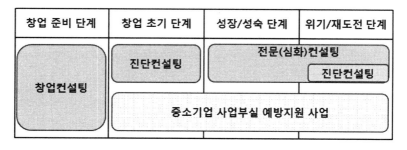

그림 5.7 | 기술보증기금의 컨설팅 체계

첫째, 창업을 준비하고 있는 예비창업자에게 기술보증기금은 창업컨설팅을 제공한다. 창업컨설팅은 기업 설립 절차, 사업아이템의 적절성, 비즈니스 모델 구축, 자원조달계획 수립 등에 대한 컨설팅으로서, 예비창업자가 수월하게 기술창업을 하는 데 도움이 되고 있다.

둘째, 창업 초기 단계의 기업에게 기술보증기금은 진단컨설팅을 제공한다. 진단컨설팅은 기업의 현 상황을 진단하고 개선 및 보완이 필요한 점들을 지도해주어 창업 초기 단계의 기업이 조기에 시장에서 자생력을 가지도록 하는 데 기여하고 있다.

셋째, 성장/성숙 단계와 위기/재도전 단계의 기업에게 기술보증기금은 전문컨설팅을 제공한다. 전문컨설팅은 신사업 도전을 위한 기술개발, 생산설비 확충을 위한 추가적인 자본조달, 기업의 인수합병 혹은 매각, 상장 등에 대하여 컨설팅을 제공함으로써 기업이 한 단계 더욱 도약하는 데 기여하고, 또한 기업이 위기를 극복하거나 재도전하는 데 기여하고 있다.

기술보증기금은 전문 강좌를 통해 기술기업을 경영하는 기업가와 예비창업자에게 기업가정신, 기술개발 및 기술사업화 전략, 자본조달, 마케팅 실무, 커뮤니케이션 역량 등의 교육을 제공한다. 기술보증기금은 벤처기업 예비창업자, 청년 및 기술창업 기업가, 도약기업 기업가 등을 대상으로 그들이 필요로 하는 전문 강좌를 정기적으로 개설하고 있으며, 이를 통해 기술보증기금은 기술창업 활성화에 기여하여 일자리 창출 및 경제성장이라는 정부의 정책 기조에 부응하고 있다.

기술경제와 경제발전

민간의 기술금융

01. 장기자본시장과 단기자본시장의 차이를 설명하시오.

02. 민간의 기술금융이 무엇인지 설명하시오(정의를 간략하게 설명).

03. 엔젤투자는 기술창업 활성화를 위해서 왜 중요한지 논하시오.

04. 현재 국내 엔젤투자의 문제는 무엇인지 논하시오.

05. 국내 엔젤투자의 위축 원인은 무엇인지 생각해보고, 국내 엔젤투자를 활성
화시키기 위해서는 어떠한 노력이 필요한지 논하시오.

06. 벤처캐피탈투자는 기술창업 활성화를 위해서 왜 중요한지 논하시오.

07. 벤처캐피탈투자는 엔젤투자와 무엇이 다른지 설명하시오.

08. 국내 벤처캐피탈투자의 펀드는 어떠한 것들이 있는지 설명하시오.

09. 모태펀드는 무엇인지 설명하시오.

10. 사모펀드는 무엇인지 설명하시오.

11. 국내 벤처캐피탈투자는 상당수가 창업 중후기의 중소기업을 대상으로 이루
어지고 있다. 이러한 현상이 발생하는 이유를 설명하고, 창업 초기의 중소기
업에게 벤처캐피탈투자가 활발하게 이루어질 수 있는 개선안을 제시하시오.

12. 국내 벤처캐피탈투자의 업종 편중은 왜 발생하는지를 설명하시오.

13. 은행의 단기자본은 왜 창업 초기의 기술기업에게 장기자본만큼 긍정적인
역할을 하지 못하는지에 대하여 논하시오.

14. 국내 기업금융 환경을 고려 시, 은행의 여신은 왜 중요한지 논하시오.

15. 담보력이란 무엇인지 설명하시오.

16. 신용도란 무엇인지 설명하시오.

17. 신용평가는 어떠한 항목들로 구성되어 있는지 말하시오.

18. 현재 중소기업 및 창업기업 상당수는 은행으로부터 여신 지원을 받기 어렵다. 그 이유는 무엇인지 설명하고, 개선안을 제시하시오. 여기서 개선안은 2014년 7월부터 본격적으로 시행된 민간부문에서의 기술금융과, 2019년 3월 문재인 정부에서 선포된 혁신금융 비전을 중심으로 제시하시오.

19. 크라우드펀딩은 무엇인지 설명하시오.

20. 크라우드펀딩의 네 가지 방식을 설명하고, 각각의 장단점을 제시하시오.

21. 크라우드펀딩의 장점에 대하여 논하시오.

22. 기술창업 활성화를 위해서 상장과 인수합병 등은 왜 중요한지 논하시오.

23. 기술기업에 대한 인수합병 활성화는 현재 기술경제 조성을 위해서 매우 중요하게 여겨지고 있다. 인수합병은 투자자가 높은 수익률로 투자금 회수를 적기에 할 수 있는 좋은 방법들 중 하나이고, 현재 한계가 있는 투자금 회수시장을 보완하는 역할을 하기 때문이다. 그러나 국내에서 인수합병은 여러 구조적인 문제들로 인하여 활성화되지 못하고 있다. 재벌 대기업들의 기술탈취가 그 대표적인 원인으로 지목되고 있다. 또한, 피인수기업의 대상이

되는 중소기업 및 창업기업이 인수합병에 대하여 부정적 인식을 가지고 있음도 그 대표적인 원인으로 지목되고 있다. 이 외로 <독점규제 및 공정거래에 관한 법률> 등에 의한 법률적 제약도 국내에서 인수합병이 활성화되지 못하는 원인이다. 인수합병 활성화를 위해서 여러 구조적인 문제들에 대한 개선이 필요하겠지만, 그 중에서 '중소기업 및 창업기업의 부정적 인식의 개선'과 '기술탈취 방지'에 대한 사례를 들어가며 인수합병 활성화 방안을 논하시오. 참고로 제시하는 사례는 실제 사례나 가상의 사례 모두 가능하다.

24. 민간의 기술금융은 기술보증기금의 기술금융과 어떠한 차이가 있는지 설명하시오.

SUBJECT 06

민간의 기술금융

민간의 기술금융은 자본시장에서 금융기관(즉, 자본가)이 기술기업에게 지원하는 모든 형태의 기업금융이다. 다만, 자본시장에 촉진자 혹은 조력자로서 참여하고 있는 기술보증기금 등의 정부기관이 기술기업에게 지원하는 기업금융은 민간의 기술금융에 포함되지 않는다. 또한, 민간의 기술금융 대상인 기술기업은 중소기업 및 창업기업, 예비창업자에 한정된다. 즉, 기술사업을 수행하는 대기업과 중견기업에게 지원되는 기업금융은 민간의 기술금융에 포함되지 않는다.

자본시장은 자본의 성격에 따라 크게 장기자본시장과 단기자본시장으로 구분된다. 장기자본시장은 상환기간이 1년 이상인 자본이 기업또는 개인에게 공급되는 자본시장이고, 엔젤투자자와 벤처캐피탈회사, 투자은행1) 등은 장기자본시장의 주요 구성원이다. 반면에 단기자본시

---

1) 투자은행(Investment bank)은 기업에게 필요한 장기자본의 취급업무를 담당하며, 상업은행에 대응하는 개념의 은행이다. 미국계 골드만삭스(Goldman Sachs), 모건스탠리(Morgan Stanley), JP모건체이스(JPMorgan Chase), 메릴린치(Bank of America Merrill Lynch), 씨티그룹(Citigroup) 등이 대표적인 투자은행이다.

장은 상환기간이 1년 이내인 자본이 기업 또는 개인에게 공급되는 자본시장이고, 여신을 취급하는 시중은행[2]은 단기자본시장의 대표적인 구성원이다. 장기자본시장과 단기자본시장은 모두 기술기업에게 중요한 금융 지원을 하고 있다. 두 자본시장에서 공급되는 기술금융이 특히 그러하다.

장기자본시장
: 엔젤투자와 벤처캐피탈투자를 중심으로

장기자본시장의 금융 지원은 대부분 투자이다. 투자는 반드시 채무이행을 해야만 하는 여신과 달리 투자자 또는 투자기관이 기업의 주식을 보유함으로써 주주의 지위를 가지게 되는 금융 지원이다. 기업의 입장에서 투자는 원치 않는 외부의 경영간섭 우려가 있지만 원리금 상환에 대한 부담이 없어 장점이 크다. 그래서 투자를 받는 기업은 기술사업에 필요한 여러 자산들을 보유할 수 있고, 안정적인 경영으로 성장성과 수익성 등을 높여 나갈 수 있다.

---

2) 시중은행(Nationwide commercial bank)은 전국적인 점포망을 가지는 상업은행이며, 국내에서는 우리은행, KEB하나은행, KB국민은행, 신한은행, 기업은행, NH농협은행 등이 시중은행에 해당한다. 상업은행(Commercial Bank)은 개인이나 기업을 상대로 수신(예금)을 받고 여신(대출)을 해주어 이익을 얻는 은행이다.

엔젤투자는 창업 초기의 기술기업과 예비 기술창업 기업가에게 매우 중요한 금융 지원이다.3) 엔젤투자자는 아이디어와 기술력은 있으나 자금이 부족한 예비창업자나 창업 초기의 기업에게 자본을 공급하고 경영 자문을 함께 제공하면서 기업의 성장을 돕는다. 그 이유는 엔젤투자를 받은 기업이 향후 성장하여 상장이나 인수합병 등의 대상이 되었을 때, 엔젤투자자는 높아진 기업의 가치만큼 큰 투자 이익을 얻기 때문이다. 엔젤투자자는 채권자가 아닌 기업의 주식을 보유한 주주라는 신분을 가지고 있어 기업의 가치에 연동된 투자 이익을 얻는 것이 가능하다.

엔젤투자는 기업에게 지원되는 어떠한 금융보다 리스크가 높고 투자 이익이 높다. 달리 말하면, 엔젤투자는 투자 이익은커녕 원금도 회수하지 못 할 가능성이 매우 크지만, 투자를 받은 기업이 큰 성장을 이룰 시 투자 이익 역시 매우 크다. 우리는 그 이유를 엔젤투자의 대상에게서 찾을 수 있다. 엔젤투자는 새로이 창업되는 기업 또는 예비창업자의 미래 가능성을 보고 개인이나 조합 형태의 단체가 자신의 책임 하에 진행된다. 그래서 엔젤투자 대상은 기업의 성장주기상 가장 초기 단계에 있는 기업인 경우가 상당수이다.

기술창업 활성화를 위해서 엔젤투자는 매우 중요하다. [그림 6.1]을

---

3) 엔젤투자의 유래는 다음과 같다. 1920년대 미국 브로드웨이 128번가에서 오페라 공연을 추진하던 단체는 자금의 고갈로 어려움을 겪고 있었다. 그때 익명의 독지가들이 그들에게 나타나 자금을 지원해주었는데, 그 독지가들의 지원으로 단체는 오페라 공연을 무사히 마칠 수 있었다. 당시 연출자는 오페라 공연을 무사히 마치고 나서 천사(Angel)들 때문에 오페라 공연이 가능했다고 감사의 말을 전했다.[35] 이후 자본시장에서는 이 일화를 인용하여 미래가치에 기반 하는 높은 리스크의 투자를 가리켜 엔젤투자라고 부르기 시작했다.

보자. 엔젤투자는 창업 이전, 즉 예비창업자가 기술창업을 준비하는 단계부터 지원이 이루어진다. 엔젤투자자는 전문적인 투자를 수행하는 자본가뿐만 아니라 큰 범주에서 예비창업자의 가족과 지인도 해당되기 때문에 엔젤투자는 예비창업자가 기술창업을 준비하는 단계부터 지원이 이루어질 수 있다. 자본시장에서 엔젤투자가 활발하게 이루어진다면, 자연스럽게 기술창업을 현실화하는 예비창업자는 많아질 수밖에 없다. 결국, 엔젤투자는 기술창업이 활성화되는 환경을 자연스럽게 조성한다. 엔젤투자는 기술사업을 시작했거나 준비하고 있는 기업가에게 뿐만 아니라 엔젤투자자에게도 역시 중요하다. 엔젤투자는 큰 리스크를 가지는 투자이지만, 기업이 기술사업에 성공했을 때 엔젤투자자는 매우 큰 투자 이익을 얻기 때문이다.

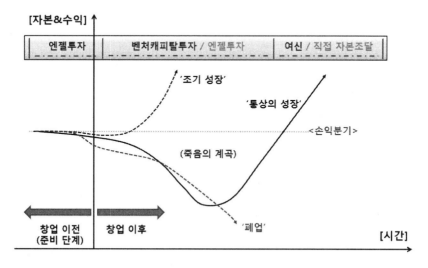

그림 6.1 | 기업의 성장과 금융 지원

엔젤투자는 그 중요성에 비해 국내 장기자본시장 내 비중이 너무 작다. 기술창업 활성화를 통한 기술경제를 조성하고 경제발전을 이루기 위해서는 엔젤투자가 매우 중요함에도 불구하고 말이다. 정부는 엔젤투자의 중요성을 이미 오래전부터 인식하여 여러 장려책들을 내놓고 있으나, 정부의 의지만큼 실효성 있는 성과를 거두고 있지는 못하다.

<표 6.1>을 보자. 엔젤투자는 2012년부터 2016년까지 매년 규모가 증대되었으며, 정부의 여러 장려책들에 힘입어 향후에도 증대될 것으로 예상된다. 하지만 벤처버블 붕괴가 발생하기 이전인 2000년 신규 엔젤투자 규모(투자액 5,493억 원, 기업수 1,291개社)에 비하면 현재 엔젤투자 규모는 크지 않고, 엔젤투자 비중 역시 너무 낮다. 2012년 4.52%에서 2016년 8.12%로 엔젤투자 비중은 높아졌지만 여전히 10% 미만이며, 신기술 창업생태계가 잘 조성되어 있는 주요 선진국들에 비해 매우 낮은 수준이다. 참고로 미국의 엔젤투자는 신규 투자액 규모 면에서 한국의 엔젤투자보다 833배 이상 크고, 그 비중은 44% 정도로 매우 높다(2011년 기준).

국내 엔젤투자의 위축은 여러 원인들로 인해 일어난 현상이지만, 그 주된 원인은 2000년 코스닥 버블 붕괴 이후 자본시장 건전성 및 투자자 보호를 위해 시행된 정부의 규제성 정책들이다. 국내 벤처기업 관련 주요 사건 연혁과 엔젤투자 현황을 보여주는 [그림 6.2]는 이러한 주장을 신빙성 있게 뒷받침 한다. 장기적인 경제침체 역시 국내 엔젤투자의 위축에 일조하고 있다. 장기적인 경제침체는 엔젤투자자로 하여금 High Risk High Return 투자보다 안전한 투자를 선호하도록 만들고 있기 때문이다. 여기서 우리가 반드시 인지하고 있어야 하는 사

실은 엔젤투자가 정부의 시책이 아니라 개인의 자산운용 차원에서 이루어지는 금융활동이라는 점이다.

표 6.1 | 신규 엔젤투자 vs. 신규 벤처캐피탈투자

단위 : 억 원(투자액), 개社(기업수)

구분		2012년	2013년	2014년	2015년	2016년
엔젤투자	투자액	557	574	876	1,628	1,747
	기업수	91	171	226	375	370
벤처캐피탈투자	투자액	12,333	13,845	16,393	20,858	21,503
	기업수	688	755	901	1,045	1,191
엔젤투자 비중		4.52%	4.15%	5.34%	7.81%	8.12%

※ 주 : 엔젤투자 비중(%) = (신규 엔젤투자액 ÷ 신규 벤처캐피탈투자액) × 100

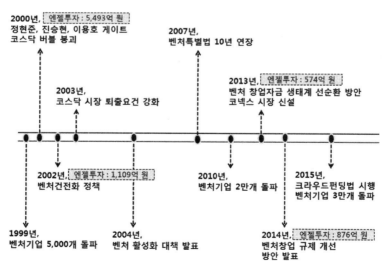

※ 주 : 국내 엔젤투자 현황을 추가

그림 6.2 | 국내 벤처기업 관련 주요 사건 연혁[36]

벤처캐피탈투자는 엔젤투자와 함께 창업 초기의 기술기업에게 중요한 금융 지원이다. 벤처캐피탈투자 역시 창업 초기의 기술기업에게 장래성과 수익성을 고려하여 무담보 주식투자 형태로 금융 지원을 한다. 다만, 벤처캐피탈투자는 다음의 두 가지가 엔젤투자와 다르다. 첫째, 엔젤투자의 대상보다 업력이 다소 높은 기업에게 금융 지원이 이루어진다. 그리고 투자액이 일반적으로 엔젤투자보다 크다. 둘째, 엔젤투자는 그 주체가 엔젤투자자라는 개인 또는 조합인 데 반해, 벤처캐피탈투자는 그 주체가 <자본시장과 금융투자업에 관한 법률> 혹은 <벤처기업육성에 관한 특별조치법>에 의거하여 설립된 법인회사이다.[4] 따라서 투자 실행에 대한 자율성이 엔젤투자처럼 높지 않다.

국내 벤처캐피탈투자의 펀드는 크게 세 가지, 즉 모태펀드, 사모펀드, 기타 펀드로 구분된다([그림 6.3] 참고). 펀드(Fund)는 특정 목적을 달성하기 위하여 조성된 기금을 말한다.

모태펀드(Fund of funds)는 벤처기업 육성을 목적으로 정부가 조성하는 기금으로서, 일반적으로 중소벤처기업부가 주도적으로 조성하여 한국벤처투자(주)가 관리 및 운영하는 펀드이다. 중소벤처기업부 외의 정부 부처에서도 모태펀드를 조성하고 있지만, 그 규모가 중소벤처기업부의 모태펀드에 비할 바는 아니다.[5] 모태펀드는 국내 기술창업 활성화를 위한 벤처캐피탈투자의 주요 펀드이다. 그리고 여느 펀드와 달

---

4) 전자의 경우는 신기술사업금융업자, 후자의 경우는 중소기업창업투자회사이다.

5) 중소벤처기업부의 모태펀드 규모는 매년 수천억 원에서 1~2조 원 정도이지만, 농림축산식품부와 해양수산부 등의 모태펀드 규모는 매년 수백억 원에서 1~2천억 원 정도이다. 다만, 각 모태펀드 규모는 당해 연도 정부의 재정상황과 정책 방향에 따라서 언제든 달라질 수 있다.

리 정부의 정책적 의지가 반영되어 있기 때문에 시장원리만으로 투자 대상이 되기 어려운 창업기업 및 중소기업에게 투자가 이루어지도록 하고, 엔젤투자 등을 촉진시키는 투자도 이루어지도록 한다. 모태펀드 는 이렇듯 중요하고 장점이 많지만, 세수(稅收)로부터 조성되기에 규 모적인 한계를 가질 수밖에 없고, 충분히 넉넉한 운용기한을 가질 수 없다는 단점이 있다.[6]

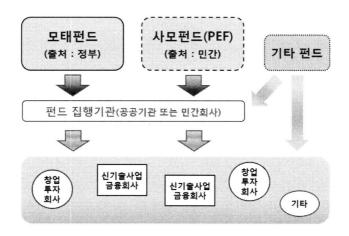

그림 6.3 | 국내 벤처캐피탈투자의 펀드

---

6) 통상 해당 업계에서는 모태펀드 운용기한을 6~8년 정도라고 말한다. 그러나 창업 단계의 기업에게 투자를 한 시점부터 IPO 등의 방법으로 투자금을 회수하는 시점까지 소요되는 기간은 평균적으로 10~12년 정도라고 말한다. 따라서 창업 단계의 기업에게 투자되었다 면, 그 운용기한이 충분하지 않은 셈이다. 이러한 이유로 국내 벤처캐피탈투자는 상당수 가 창업 중·후기의 중소기업을 대상으로 이루어지고 있다.

사모펀드(Private Equity Fund, PEF)는 비공개로 투자자들을 모집하여 자산가치가 저평가된 기업에 자본참여를 한 후(즉, 주식 등을 매수한 후) 기업가치가 높아지면 자본참여로 취득한 주식 등을 되팔아 수익을 취하는 펀드이다. 사모펀드는 유럽 지역 및 미국 등에서 활성화되어 있는 바이아웃(Buyout)펀드를 모델로 하여 만든 펀드이고, 벤처캐피탈(Venture Capital)과 성장자본(Growth Capital), 메자닌자본(Mezzanine Capital), 부실채권 및 부동산의 주식연계형 자본 등은 광의의 개념에서 사모펀드에 해당한다. 사모펀드는 공모펀드와 달리 자본의 운용에 제약이 없어 자유로운 투자가 가능하다. 그래서 비교적 다양한 업종 및 형태의 기술기업에게 금융 지원을 할 수 있다는 장점이 있다. 다만, 일정 기간 내 원금대비 높은 수익을 원하는 투자자들의 자본으로 펀드가 구성되어 있다는 점에서, 사모펀드는 수익성이 보장되는 기술기업에게 투자되는 경향을 크게 가질 수밖에 없고, 또한 넉넉하지 못한 운용기한을 가질 수밖에 없는 단점이 있다.

주요 펀드인 모태펀드와 사모펀드의 이 같은 특성으로 인하여 국내 벤처캐피탈투자는 신기술 창업생태계 조성에 적지 않은 기여를 하고 있음에도 우리의 기대만큼 제 기능을 다하지 못하고 있다.

<표 6.2>는 업력별 신규 벤처캐피탈투자 금액을 보여준다. 신규 벤처캐피탈투자는 2014년부터 2018년까지 업력 상 '후기'에 속하는 기업에게 평균적으로 많이 이루어졌다. 초기와 중기의 기업은 매년 차이가 조금씩 있었지만, 비슷한 수준으로 신규 벤처캐피탈투자를 받았다. 그러나 초기 기업과 중·후기 기업으로 구분하였을 때, 신규 벤처캐피탈투자는 초기 기업에게 약 30% 내외로만 이루어졌다. 초기 기업에

대한 신규 벤처캐피탈투자의 확대는 기술창업 활성화를 위해서 매우 중요하지만, 현실은 그렇지 못한 셈이다.

표 6.2 | 업력별 신규 벤처캐피탈투자

단위 : 억 원

구분	2014년	2015년	2016년	2017년	2018년
초기	5,045	6,472	7,909	7,796	9,810
중기	4,069	5,828	6,156	6,641	11,935
후기	7,279	8,558	7,438	9,366	12,504
합계	16,393	20,858	21,503	23,803	34,249
초기 비중(%)	30.8	31.0	36.8	32.8	28.6

※ 출처 : 한국벤처캐피탈협회 'Venture Capital Market Brief(2018년 12월)'

<표 6.3>은 업종별 신규 벤처캐피탈투자 금액을 보여준다. 2014년부터 2018년까지 매년 각 업종에 대한 신규 벤처캐피탈투자 비중은 변동이 있지만, 높은 기술력과 대규모의 장치가 필요하면서 IPO 등이 상대적으로 쉽지 않은 전기/기계/장비, 화학/소재 등의 업종은 전반적으로 신규 벤처캐피탈투자 비중이 낮은 편이다. 즉, 시중의 표현대로 '돈이 되는' 업종의 기업들에게 집중적인 벤처캐피탈투자가 이루어지고 있는 셈이다. 이러한 벤처캐피탈투자의 업종 편중은 신기술 창업생태계 조성에 중·장기적으로 부정적인 영향을 미칠 수밖에 없다.

표 6.3 | 업종별 신규 벤처캐피탈투자

단위 : %

구분	2014년	2015년	2016년	2017년	2018년
ICT[7])제조	11.9	7.0	4.4	6.6	4.3
ICT서비스	11.7	19.3	18.8	21.6	21.8
전기/기계/장비	9.5	7.7	9.9	10.2	8.7
화학/소재	5.0	7.1	7.0	5.3	3.9
바이오/의료	17.9	15.2	21.8	16.0	24.6
영상/공연/음반	17.0	13.0	12.5	12.0	9.7
게임	10.7	8.1	6.6	5.4	4.1
유통/서비스	12.5	14.6	11.6	17.6	16.7
기타	3.8	8.0	7.4	5.3	6.1

※ 출처 : 한국벤처캐피탈협회 'Venture Capital Market Brief(2018년 12월)'

단기자본시장 : 은행을 중심으로

은행은 수신, 여신, 외환 등의 업무를 국가로부터 '은행업' 인가를 받아 수행하는 금융기관으로, 국내 민간부문의 기술금융 활성화에 매우 큰 역할을 담당하고 있다. 은행은 단기자본시장의 주축이고, 은행의 여신은 기본적으로 1년 이내의 상환기한을 가지는 단기 기업금융이다. 단기자본은 통상 예비창업자 내지 창업 초기의 기술기업에게 장기자본만큼 긍정적인 역할을 하지 못하고 있다. 그 이유는 예비창업자 내지 창업 초기의 기술기업이 단기간 내에 이익을 실현하기가

7) ICT는 Information and Communication Technology의 약어이다.

쉽지 않기 때문이다. 그래서 단기자본인 여신을 은행으로부터 지원받은 기업가 내지 기업은 원리금 상환에 대한 압박으로 경영부담을 가질 수밖에 없다.

그럼에도 불구하고, 은행의 여신은 제한적인 국내 기업금융 환경에서 매우 중요하다. 중소기업중앙회에서 발표한 '국내 중소기업의 외부자금 조달 형태([그림 6.4] 참고)'에 의하면, 은행자금은 그 비중이 79.0%로서 국내 중소기업들이 가장 많이 이용하는 외부자금이다. 은행자금 다음으로 국내 중소기업들이 많이 이용하는 자금은 15.1%의 비중을 차지하는 정책자금인 데, 이것은 정부에서 공급하는 자본인 점을 감안 시 은행자금은 국내 중소기업의 외부자금 조달에 절대적인 기여를 하고 있는 셈이다. 이러한 국내 현실은 신기술 창업생태계 조성에 긍정적이지 못하지만, 장기자본시장의 취약함을 고려한다면 그 대안으로서 의미가 있다고 볼 수 있다.

은행의 기업금융, 구체적으로 여신은 기업의 담보력과 신용도에 따라 지원된다. 담보력이란 채무자가 채무를 이행하지 못하는 경우를 대비하여 은행에게 제공하는 경제적 능력을 말하며, 신용도란 채무자의 채무이행능력 및 채무이행의지를 말한다. 여기서 신용도를 가늠하는 도구인 신용평가는 채무자의 과거 재무적 경영성과와 상존하는 여러 리스크를 평가하는 항목들로 구성되어 있다.

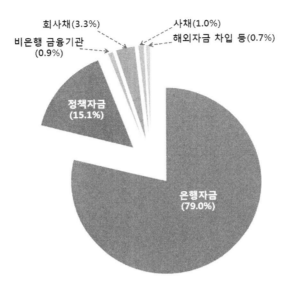

회사채(3.3%)
사채(1.0%)
비은행 금융기관
(0.9%)
해외자금 차입 등(0.7%)
정책자금
(15.1%)
은행자금
(79.0%)

※ 출처 : 중소기업중앙회 자료를 인용하여 재작성

그림 6.4 | 국내 중소기업의 외부자금 조달 형태(2016년 기준)[8]

중소기업 및 창업기업 상당수는 은행으로부터 여신 지원을 받기가 쉽지 않다. 그 이유는 은행이 기업에게 여신 금액에 준하는 담보 제공을 요구할 뿐만 아니라, 일정 수준 이상의 신용도를 함께 요구하고 있기 때문이다. 이러한 요구는 바젤협약에서 권고하는 BIS ratio를 준수해야 하는 은행의 입장에서 합당하다. 그러나 이러한 요구는 기술창업 활성화를 저해하는 주된 원인이기도 하다. 기술혁신을 구체화하는 창업 초기의 기업은 대부분 담보력이 미미하고 재무적 경영성과를 아직

8) 각 비중은 매년 약간씩 변동이 있지만, 은행자금과 정책자금의 절대적인 비중은 국내 금융시장의 구조적 특성으로 인해 중·단기적으로 바뀌기 어렵다. 특히, 은행자금의 비중은 장기적으로도 다른 외부자금의 비중보다 낮아지기 어렵다.

가지지 못하여 신용도가 낮을 수밖에 없어, 은행으로부터 여신 지원을 받기가 어렵기 때문이다.

기술창업 활성화를 위해서 우리는 은행에게 현행 여신심사를 없애거나 완화하라고 요구할 수 없다. 만일, 우리의 다소 무리한 요구가 받아들여져 은행이 기업의 입장에 서 무조건적인 여신 지원을 한다면, 한국은 머지않아 심대한 금융위기 및 경제위기를 맞이할 수밖에 없기 때문이다.

은행이 건전성을 유지하면서 기술창업 활성화에 기여하는 방법은 여신 지원을 위한 현행 심사체계에 변화를 주는 것이다. 즉, 담보력 및 신용도 평가시스템을 미래지향적으로 개선하는 것이다. 은행이 토지, 건물, 기계장치 등의 유형자산뿐만 아니라 산업재산권이나 임치된 기술 등의 무형자산도 담보로 제공받는 능력을 갖춘다면, 또한 은행이 기술력과 사업성, 시장성 등의 미래가치를 신용평가에 비중 있게 반영한다면, 지금까지의 여신행태는 획기적으로 개선될 수밖에 없다.9)

2014년 7월부터 본격적으로 시행된 민간부문에서의 기술금융은 담보력 및 신용도 평가시스템을 미래지향적으로 개선하여 은행이 건전성을 유지하면서 기술창업 활성화에 기여하도록 하려는 취지(목적)를 가지고 있다. 금융위원회는 2014년 4월 15일 <기술신용평가 시스템 추진방안>을 발표한 이후, 기술신용평가기관(Technology Credit Bureau, TCB)과 기술정보집중기관(Technology Data Base, TDB)을

---

9) 미래가치가 비중 있게 반영된 신용평가는 미래에 대한 불확실성을 담고 있기에 은행의 건전성을 해칠 수 있다는 우려가 일각에서 제기되고 있으나, 몇몇 은행들은 기술력과 사업성, 시장성 등이 반영된 신용평가를 리스크관리 측면에서 수행하고 있기에 은행의 건전성에 긍정적인 기여를 하고 있어 그 우려는 기우(杞憂)라고 반박한다.

설립시켰고, <신용정보업 감독규정>을 개정했다. 또한 은행들이 자체적으로 TCB 업무를 수행하도록 하여 여신심사체계의 개선을 유도하고 있다. 정부의 이러한 노력은 단기금융시장 전반에 긍정적인 변화를 일으키고 있어 바람직하다. 물론, 보완하고 개선해야 할 점들이 있음에도 말이다.

민간의 기술금융, 즉 은행의 기술금융은 현재까지 여신에 치중되어 있는데, 그 이유는 국내 은행들이 안정적 예대마진 수익의 극대화를 주된 사업전략으로 삼고 있기 때문이다. 심사체계가 개선된 여신은 그 자체적으로 적지 않은 의미를 가지지만, 기술창업 활성화에 더욱 적극적으로 기여하기 위해서 은행의 기술금융은 다양화될 필요가 있다. 직·간접 투자와 무체재산권 신탁업[10] 등은 은행의 기술금융 다양화를 위해 적절한 사업들이다.

크라우드펀딩

크라우드펀딩(Crowdfunding)은 대중을 의미하는 '크라우드(Crowd)'와 자금을 의미하는 '펀딩(Funding)'이 합해진 합성어로, 기업이나 개인 등이 불특정 다수인 대중으로부터 필요한 자본을 모으는 방식이다.

크라우드펀딩은 그 기원이나 어원을 생각했을 때 기술금융이라고

---

10) 신탁업과 기술신탁업은 개념적으로 유사하지만 근거법령, 소관부처, 시행방식 등이 매우 상이하다. 특히, 기술신탁업은 비영리법인에게만 인가되나, 무체재산권을 취급할 수 있는 신탁업은 영리법인에게 인가되기 때문에 은행이 수행할 수 있는 사업이다.

명확하게 정의되기 어려우나, 현실에서 기술기업이 사업에 필요로 하는 자본을 효과적으로 조달하는 방법이기에 크게 기술금융의 범주에 해당한다고 말할 수 있다. 다만, 본연의 의미에서 기술금융은 자본가(혹은 금융기관)가 자체적인 판단에 기반 하여 기술기업에게 자본을 공급하는 데 반해, 크라우드펀딩은 집단지성의 판단에 기반 하여 대중이 기술기업에게 자본을 공급한다는 차이가 있다.

크라우드펀딩은 보상형, 투자형, 기부형, 여신형으로 진행이 가능하다.

보상형 크라우드펀딩은 기업이나 개인, 단체가 사업(혹은 프로젝트)에 필요한 자본을 조달하려는 목적보다 신제품 홍보, 매니아층 초기 확보, 단기 프로젝트 수행 등을 위한 목적으로 적극 활용하고 있으며, 자본을 공급한 대중에게 향후 금전적 혹은 비금전적 보상을 약속하는 방식이다. 반면, 투자형 크라우드펀딩은 주로 기업이 사업에 필요한 자본을 조달하기 위하여 활용하고 있으며, 자본을 공급한 대중에게 공급한 자본에 상응하는 주식을 양도하는 방식이다. 이러한 이유에서 투자형 크라우드펀딩은 증권형 크라우드펀딩이라 불리기도 한다.[11]

기부형 크라우드펀딩은 기업이나 개인, 단체가 긴급구호, 난민지원, 저개발국가 대상의 에너지 보급사업 등 다양한 사회적 활동을 위해 단기 프로젝트 형태로 활용하고 있으며, 어떠한 보상이나 대가를 전제하지 않고 대중의 선의에만 의지하여 자본을 모집하는 방식이다. 여신형 크라우드펀딩은 기업이나 개인, 단체가 사업(혹은 프로젝트)에 필요한

---

11) 투자형 크라우드펀딩은 2015년 7월 국회 본회의에서 〈자본시장과 금융투자업에 관한 법률(개정안)〉이 통과된 이후 본격적으로 시행되었다.[37]

자본을 조달하기 위하여 활용하고 있으며, 자본을 공급한 대중에게 약속된 기간 내에 원리금을 상환하는 방식이다. 여신형 크라우드펀딩은 은행의 여신과 매우 흡사해 보이나, 자본을 공급하는 대중이 은행처럼 채권자로서 지위를 확고하게 가지지 못하는 문제적 차이가 있다.[12]

현실 자본시장에서 보상형 크라우드펀딩과 투자형 크라우드펀딩은 활발하게 진행되고 있으나, 기부형 크라우드펀딩과 여신형 크라우드펀딩은 그러하지 못한 상황이다. 그 이유는 보상형 크라우드펀딩과 투자형 크라우드펀딩이 자본을 공급한 대중에게 어떠한 보상이나 금전적 이익을 제시하고 있는 데 반해, 기부형 크라우드펀딩과 여신형 크라우드펀딩은 자본을 공급한 대중의 욕망을 채워주는 어떠한 것이 없거나 불확실하기 때문이다. 즉, 기부형 크라우드펀딩과 여신형 크라우드펀딩은 시장원리에 의한 동기부여가 대중에게 너무 미약하기 때문에 보상형 크라우드펀딩과 투자형 크라우드펀딩처럼 현실 자본시장에서 활성화되지 못하고 있다.

[그림 6.5]는 국내에서 가장 높은 시장점유율을 가지는 온라인 소액투자 중개업자인 '와디즈(주)'의 크라우드펀딩 사례이다. 와디즈(주)는 현재 투자형(Equity) 크라우드펀딩과 보상형(Reward) 크라우드펀딩만을 진행하고 있다. 기부형 크라우드펀딩은 보상형 크라우드펀딩의 범주 내에서 일부 진행되고 있으나, 그 규모가 크지 않아 독립적인 카테고리로 진행되고 있지 않다. 여신형 크라우드펀딩은 수요가 미미하고 채무관계에서 심각한 문제가 발생할 여지도 있어, 와디즈(주)는 여신

---

12) 여신형 크라우드펀딩을 원하는 주체는 은행 등의 금융기관으로부터 여신을 지원받기가 어려운 상황에 놓인 경우가 많다.

형 크라우드펀딩을 진행하고 있지 않다. 국내 대다수의 온라인 소액투자 중개업자들은 와디즈(주)처럼 현재 투자형 크라우드펀딩과 보상형 크라우드펀딩만을 진행하고 있고, 이후에도 그러할 것이라 전망된다.

※ 출처 : 와디즈(주) 홈페이지에 게시된 내용을 재구성

그림 6.5 | 국내 크라우드펀딩 사례

크라우드펀딩은 기술창업 활성화를 위하여 중요한 역할을 한다. 엔젤투자 및 벤처캐피탈투자의 한계가 있는 국내 현실을 감안하면 특히 그러하다. 크라우드펀딩은 창업 초기의 기술기업이 별다른 제재 없이 사업에 필요한 자본을 대중으로부터 비교적 손쉽게 조달하는 방법이기 때문이다.

투자형 크라우드펀딩의 법적 근거가 마련되기 이전까지, 기업이 사업에 필요한 자본을 자본시장에서 모집하는 주된 방법은 '일반공모'와 '소액공모'였다. 일반공모와 소액공모는 금융위원회, 즉 금융당국에서 정하고 있는 절차에 따라 자본을 모집해야 함은 물론, 증권신고서를 비롯한 수십여 가지의 서류들을 금융당국에 제출해야 하기 때문에 기업의 입장에서 행정적·비용적인 부담이 적지 않은 방법이다. 그래서 일반공모와 소액공모는 모든 면에서 여건이 넉넉하지 않은 중소기업 및 창업기업에게 적합한 방법이 아니다. 일반투자자 입장에서도 일반공모와 소액공모는 법으로 정해진 다소 복잡한 절차를 거쳐야만 자본 참여가 가능하기에 선호도가 높은 방법이 아니다.

투자형 크라우드펀딩은 일반공모와 소액공모에 비해 절차적인 측면에서 간단하다는 장점이 있다. <표 6.4>는 크라우드펀딩을 통한 자금조달의 장점, 즉 제출서류 등의 간소화를 보여준다. 투자형 크라우드펀딩은 일반공모 및 소액공모와 달리 증권발행조건, 재무상황, 사업계획서 등을 작성하여 온라인 소액투자 중개업자가 운영하는 홈페이지에 게재한다. 여기서, 해당 서류들은 기업의 상황에 따라 자유롭게 작성이 가능하고, 온라인 소액투자 중개업자는 금융당국이 아닌 민간의 영리법인이기에 기업의 입장에서 부담감이 적다. 일반투자자 입장에서도 투자형 크라우드펀딩은 온라인상에서 간단한 절차만을 거쳐 소액투자가 가능하고 소득공제 등의 혜택이 있어 선호도가 높은 방법이다.

표 6.4 | 크라우드펀딩을 통한 자금조달의 장점(2016년 기준)

구분	크라우드펀딩	일반공모	소액공모
제출서류	증권발행조건, 재무상황, 사업계획서 등	증권신고서 (약 27종)	소액공모 공시서류 (약 17종)
제출기관	중개업자 홈페이지 게재	금융위원회 수리	금융위원회 제출

※ 출처 : 금융위원회·금융감독원 〈크라우드펀딩 제도〉 리플렛

투자형 크라우드펀딩은 자본을 모집하는 기업이나 자본을 공급하는 집단지성인 대중 모두에게 매력적인 제도이다. 다만, 제도적인 한계 역시 있다. 크라우드펀딩을 진행하는 대상, 기업의 자본조달 한도, 투자자 유형별 투자한도 등이 바로 그 제도적인 한계에 해당한다. 투자형 크라우드펀딩이 이러한 한계를 가지는 이유는 금융당국이 투자자 보호라는 명목 하에 법적 규제를 기업과 투자자 모두에게 가하고 있기 때문이다. 물론, 이러한 규제는 기술창업 활성화를 위해 꾸준히 개선되고 있으나, 시장 상황의 변화에 따라 제도적인 한계는 계속 발생할 수밖에 없어, 앞으로도 이에 대한 개선의 노력이 지속적으로 필요하다.

투자금 회수시장
: IPO와 M&A를 중심으로

IPO는 Initial Public Offering의 약어로, 상장13) 또는 기업공개14)를 말한다(이하 '상장'). 상장은 신기술 창업생태계 조성을 위해서 매우 중요하다. 그 이유는 기술기업에게 장기자본을 공급한 투자자(혹은 투자기관)가 투자금을 회수하는 이상적인 방법들 중 하나이기 때문이다. 대부분의 투자자는 기부자가 아니다. 그래서 투자자는 투자 이후 자신이 투자한 자본의 회수는 물론 큰 이익을 얻기를 원한다. 물론, 상장은 기술기업에게도 긍정적인 역할을 한다. 상장 가능성이 높은 기술기업은 외부 투자를 비교적 용이하게 유치할 수 있으며, 또한 상장된 기술기업은 사업에 필요한 자본을 언제든지 유상증자 등을 통해서 조달할 수 있기 때문이다.

국내 모험자본 투자기관들은 2003년부터 2015년까지 전체 투자액의 15~25% 정도에 해당하는 투자금만을 상장을 통해서 회수했다.15) 이 통계적 수치는 국내 상장이 기술기업에게 쉽지 않은 일이라는 것을 말해준다. 즉, 국내 상장은 기술기업에게 어려운 일이다. 물론, 피투자기업의 상장 비중은 정부의 정책적 지원에 따라 높아질 가능성이 있지

---

13) 상장(上場)은 시장에 올려놓는다는 의미로, 기업이 필요한 자본을 직접 조달하기 위하여 자신들의 주식을 유가증권시장 등 한국거래소(Korea Exchange, KRX)에서 개설한 시장에 내놓는 행위를 말한다.
14) 기업공개는 기업이 상장을 하는 과정에서 모든 정보를 공개할 수밖에 없기 때문에 상장과 동일한 용어처럼 사용되고 있다.
15) 관련 자료는 한국벤처캐피탈협회 홈페이지(http://www.kvca.or.kr)에서 찾아볼 수 있다.

만, 높은 상장요건과 주식시장 건전성 확보 등에서 파생되는 구조적인
문제들로 인하여 기술기업의 상장 활성화는 향후에도 그리 녹록지가
않아 보인다.

M&A는 Mergers and Acquisitions의 약어로, 합병과 인수의 합성어
이다(이하 '인수합병'). 인수는 인수기업이 피인수기업의 주식이나 자
산을 취득하면서 경영권을 확보하는 방법이다. 여기서, 인수기업은 피
인수기업을 자신의 일부 조직으로 합병하거나, 계열사 또는 관계사로
편입할 수 있다. 합병은 단어의 의미 그대로 서로 다른 두 개 이상의
기업들이 법률적으로나 사실적으로 하나의 기업이 되는 행위이다. 따
라서 인수합병은 인수기업이 피인수기업의 주식이나 자산을 취득하면
서 자신의 일부 조직으로 합병하거나, 혹은 계열사나 관계사로 편입시
키는 전략적 경영행위이다.

인수합병이 기술창업 활성화, 특히 신기술 창업생태계 조성을 위해
서 중요한 이유는 상장과 마찬가지로 투자자가 기술기업에게 투자한
자본을 높은 이익과 함께 회수하는 좋은 방법이기 때문이다. 즉, 인수
기업이 피인수기업의 주식이나 자산을 취득할 때, 피인수기업에 자본
을 공급한 투자자가 높은 수익률로 투자금을 회수할 수 있기 때문이
다. 통상적으로 인수기업은 피인수기업보다 기업가치가 높고 유동성
자산이 많은 대기업과 중견기업인 경우가 대다수이며, 피인수기업은
인수기업보다 기업가치가 낮고 유동성 자산이 많지 않은 초기 창업기
업 등의 중소기업인 경우가 상당수이다.

인수합병은 '시장 점유의 확대'와 '상승효과(Synergy effect) 기대'

라는 목적을 달성하고자 기업 간에 능동적으로 이루어지는 전략적인 경영행위이다. 현재 자본시장에서 인수합병이 이루어지는 상황들을 살펴보면, 인수합병은 더욱 다양하고 구체적인 목적 하에 활발히 이루어지고 있다(<표 6.5> 참고).

표 6.5 | 인수합병의 구체적 사유

범주	사유
상승효과 기대	· 신규 사업을 준비함에 있어 고비용·장시간이 소요되는 경우 · 신제품 개발 혹은 기업경쟁력 강화를 위한 유·무형 인프라를 단기간 내 갖추고자 하는 경우 · 경영상의 노하우와 대외적인 인지도가 필요한 경우
시장 점유의 확대	· 단기간 내 효과적으로 시장 점유의 확대를 원하는 경우
기타	· 자산가치가 높은 기업의 주식을 저가에 매입한 후 다시 매각하여 차익을 얻고자 하는 경우[16)

※ 출처 : 〈우리의 일자리는 어디에 있는가?(차우준, 2018)〉의 내용을 도표화 작성

인수합병이 어떠한 목적에서든 활발하게 자본시장에서 이루어진다면, 분명 기술창업 활성화에 매우 긍정적인 기여를 할 수밖에 없다. 인수합병은 피인수기업의 주식이나 자산을 인수기업이 매입함으로써 진행되기 때문에 투자자는 높은 수익률로 투자금을 회수할 수 있다. 국내에서 상장이 중소기업이나 창업기업에게 녹록지가 않은 상황을 고

---

16) 이 경우는 많은 자본가(혹은 투자기관이나 바이아웃 형태의 기금)들에 의해 이루어지고 있다. 이 경우는 그 행위 자체가 인수합병일 수 있으나, 엄격히 따지자면 주가 차익으로 수익을 얻고자 하는 주식투자에 더욱 가깝다.

려했을 때, 인수합병은 매우 매력적인 투자금 회수시장인 셈이다. 신기술 창업생태계가 잘 조성된, 그래서 기술혁신의 선순환 구조가 잘 구축된 미국이나 이스라엘 등은 기업들 간의 인수합병이 자본시장에서 매우 활발하게 이루어지고 있다.

기술경제와 경제발전

4차 산업혁명

01. (자신의 전공을 고려하여 질문) 4차 산업혁명을 주도하는 국가가 되기 위하여 기술보증기금은 어떠한 기업을 발굴하고 금융 지원을 해야 하는지 말하시오. 그리고 지원자 본인이 어떠한 기여를 할 수 있는지도 말하시오.

02. 4차 산업혁명은 무엇인지 설명하시오. 그리고 왜 4차 산업혁명을 대응해야 하는지 논하시오.

03. 지원자 본인이 생각했을 때, 4차 산업혁명을 대응하는 데 있어서 기술보증기금의 역할이 무엇인지 말하시오.

04. 스마트팩토리는 우리 산업과 일자리에 어떠한 영향을 미치게 될 것인지 논하시오.

05. 4차 산업혁명은 인간의 육체적 노동력과 지적 노동력을 대체하는 기술들이 우리 산업과 생활에 적용되는 사회로의 진입을 의미한다. 현재, 한국은 일자리 문제와 소득의 양극화가 심각하고, 그로써 여러 사회적 갈등들이 공공연하게 표출되고 있는 상황이다. 우리 기관은 어떠한 역할을 수행해야 4차 산업혁명에 적극적으로 대응하면서 일자리 문제 해결과 소득의 양극화 해소에 기여하겠는가?

06. 4차 산업혁명 시대에 자본의 역할(혹은 기능)은 무엇이라고 생각하는지 말하시오.

07. (자신의 전공을 고려하여 질문) 4차 산업혁명을 주도할 혁신적인 기술기업들을 발굴하고 지원하기 위해서, 우리 기관에 입사한 이후 본인은 어떠한 노력을 더해야 한다고 생각하는지 말하시오. 그리고 그렇게 생각하는 이유도 말하시오.

08. 고도화된 인공지능이 기술보증기금에 적용된다고 가정했을 때, 기술보증기금에서 현재 사람이 수행하는 업무들은 어떠한 변화가 일어나게 될 것인지 예상하여 말하시오. 그리고 그 근거를 제시하시오.

09. 4차 산업혁명과 관련하여 한국이 현재 보유한 경쟁력은 무엇이라고 생각하는지 말하시오. 그리고 기술보증기금은 4차 산업혁명 관련 기술기업들을 발굴하고 지원함에 있어 어떠한 전략을 가져야 하는지 말하시오.

10. 4차 산업혁명에 능동적으로 대응하기 위해서는 관련된 기초기술에 대한 지속적인 연구개발이 이루어지는 것이 중요하다. 특히, 시장참여자인 기업들이 관련 기초기술에 대한 연구개발을 수행하면서, 경쟁력 있는 기술사업을 일구어가는 것이 중요하다. 그렇다면, 4차 산업혁명과 관련된 기초기술이란 무엇인지 말하고, 그 기초기술이 4차 산업혁명을 대응하는 데 있어서 어떠한 기여를 하는지 설명하시오.

11. 4차 산업혁명의 대표적인 기술은 무엇이라고 생각하는지 말하시오. 그리고 그렇게 생각하는 이유와, 그 기술이 우리 산업 및 사회에 어떠한 변화를 가져오게 될 것인지 말하시오.

07 SUBJECT

4차 산업혁명

"4차 산업혁명은 우리의 삶을 크게 변화시킬 것이다."

우리는 이 말을 여러 매체들을 통해서 최근 심심치 않게 듣고 있다. 산업, 경제, 사회 분야의 저명한 학자나 전문가가 아니더라도, 현재를 살아가는 사람이라면 4차 산업혁명은 누구나 큰 관심을 가질 수밖에 없는 주제이자 이슈이기 때문이다.

"4차 산업혁명은 무엇인가?"

이 질문에 대하여 아주 단순하게 답한다면, 4차 산업혁명은 '인류 역사에 있어서 네 번째 산업혁명'이다. 그렇다면 산업혁명은 무엇인가? 산업혁명은 어떠한 계기, 즉 기술혁신으로 인하여 일어난 산업 상의 큰 변화이다.

우리 인류는 이미 세 차례의 산업혁명을 겪었다. 1차 산업혁명은 18세기 후반 영국의 증기기관 상용화로 촉발되었고, 2차 산업혁명은 19세기 중·후반 전기의 상용화와 전기를 사용하는 대량생산의 본격화로 인해 일어났다. 3차 산업혁명은 20세기 퍼스널 컴퓨터 및 인터넷 사용의 본격화로 시작되었다. 세 차례의 산업혁명은 기존 인간의 육체적 노동력을 전면적으로 대체하였고(1·2차 산업혁명), 지적 노동력 역시 제한적이지만 크게 대체하였다(3차 산업혁명).

"4차 산업혁명은 어떠한 변화를 가져올 것인가?"

솔직히 이 질문에 대한 답은 어느 누구도 정확히 알지 못한다. 산업혁명이 일어났다고 규정하는 주체는 현 세대가 아닌 미래 세대이다. 따라서 1차, 2차, 3차 산업혁명이 일어났다고 규정했던 주체들은 당시를 살았던 세대가 아닌, 그들의 미래 세대였다. 시간이 한참 지난 후 거시적으로 역사를 돌이켜 봐야만, 우리는 특정 시기를 전·후하여 산업 상의 큰 변화가 얼마나 또 어떻게 일어났는지를 알 수 있기 때문이다. 4차 산업혁명은 아직 일어나지 않은 사건이다. 단지, 그것은 곧 일어나리라고 전 세계인들이 확신하고 있는 미래 사건에 대한 예측일 뿐이다. 그래서 어떤 이들은 4차 산업혁명이 실체가 없다고도 주장한다. 하지만 4차 산업혁명은 예측 가능한 미래이기 때문에 절대 간과할 수 없다고 전 세계의 많은 사람들은 소리 높여 말하고 있다.

 4차 산업혁명은 클라우스 슈밥(Klaus Schwab)이 의장으로 있던 2016년 세계경제포럼(World Economic Forum, WEF)에서 주창된 용어이다. 이때를 기점으로 전 세계는 4차 산업혁명에 대해서 큰 관심을 가지기 시작했고, 4차 산업혁명에 대응(혹은 주도)하려는 노력을 시작했다. 학자들에 따라서 조금씩 주장하는 바가 다르지만, 인공지능(Artificial Intelligence, AI) 기술과 사물인터넷(Internet of Things, IOT) 기술, 3D 프린터 기술, 로봇 기술, 양자컴퓨터 기술 등은 공통적으로 제시되고 있는 4차 산업혁명의 요소기술들이다. 각 분야의 전문가들은 공통적으로 이 기술들이 산업 상의 큰 변화는 물론 인류의 생활상까지 크게 변화시킬 것이라고 주장한다([그림 7.1] 참고). 그들의 주장에는 충분히 일리가 있다. 각 요소기술의 파급효과를 곰곰이 생각해보면 더욱이 그러하다.

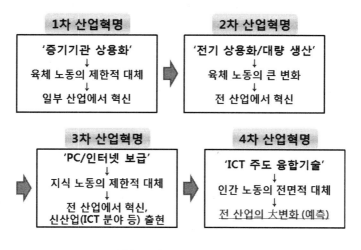

그림 7.1 | 각 산업혁명 요약

"아직은 3차 산업혁명이 진행 중이다."라고 주장하는 일부 학자들이 있다. 그들이 정의하는 산업혁명의 기준은 우리가 일반적으로 알고 있는 것과는 다소 차이가 있다. 그리고 그들의 기준에서 정의되는 산업혁명은 꽤나 타당해 보인다. 미국 펜실베이아대학교의 제레미 리프킨 (Jeremy Rifkin) 교수는 그러한 기준으로 산업혁명을 정의하는 대표적인 경제학자이다. 그는 자신의 저서 <The Third Industrial Revolution (3차 산업혁명, 2011)>을 통해서 커뮤니케이션과 에너지 패러다임의 변화를 기준으로 산업혁명을 정의하고 있으며, 1990년대부터 시작된 재생에너지 사용과 인터넷 커뮤니케이션에 의한 3차 산업혁명은 아직 진행되고 있다고 주장한다([그림 7.2] 참고). 이 주장은 우리가 '기술혁신에 의한 인간 노동력의 변화, 그리고 그로 인하여 일어나는 산업혁명'이라는 관점에서 규정하는 3차 산업혁명과 분명한 차이가 있다.

제레미 리프킨 등에 의해 규정되고 있는 산업혁명은 주류가 아니기에 일단 잠시 접어두도록 하자. 4차 산업혁명은 'ICT'로 불리는 정보통신 분야의 기술이 급속도로 발전하고 타 기술들과 융합하면서 변화의 조짐을 나타내는 산업과 인간 삶을 전문가들이 목격하면서 화두로 제시한 용어이다. 사실, 4차 산업혁명이라는 용어는 2016년 세계경제

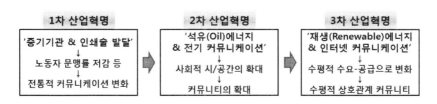

그림 7.2 | 제레미 리프킨의 산업혁명 정의

포럼(World Economic Forum, WEF)에서 언급되기 이전에 여러 학자·전문가들에 의해 다양한 용어로 언급된 바 있다.

독일은 전통적인 제조업 강국이다. 독일이 배출한 굴지의 글로벌 기업들은 상당수가 자동차 및 산업용 기계, 정밀부품, 화학 및 의약품, 의류 및 생필품 등을 제조하는 사업을 영위하고 있으며, 바바리안 모터스(Bavarian Motor Works, BMW), 메르세데스-벤츠(Mercedes-Benz), 보쉬(BOSCH), 지멘스(SIEMENS), 튀센크루프(Thyssen-Krupp AG), 포르쉐(PORSCHE), 바스프(BASF), 바이엘(Bayer), 퍼실(Persil), 아디다스(adidas) 등은 그 대표적 기업들이다. 게다가, 독일은 제조업을 영위하는 강소기업들이 국가 경제를 지탱하고 있는 것으로도 유명하다.

국가 경제의 기반이 제조업에 집중되어 있는 독일은 사물인터넷, 인공지능, 로봇, 빅 데이터(Big Data) 등 ICT 분야의 기술들이 빠르게 발전되면서 일어나는 산업 상의 큰 변화에 적극적으로 대처하지 못하면 국가 경제가 위기에 처할 수 있다고 판단했고, 그 대응책으로서 기존 산업에 ICT 분야의 기술들을 접목하여 제조업 혁신을 이루기 위한 'INDUSTRIE 4.0'을 수립했다.

한국은 독일의 'INDUSTRIE 4.0'을 벤치마킹하여 4차 산업혁명에 대응하고 있다. 그 이유는 한국 경제의 기반 역시 반도체, 조선, 자동차, 전기 및 전자제품, 석유화학 등의 제조업이기 때문이다. 한국은 국가 차원에서 4차 산업혁명을 대응하기 위해 스마트팩토리(Smart factory) 보급 및 확산에 상당한 노력을 기울이고 있다. 물론, 4차 산업혁명을 주도할 다른 요소기술들에 대해서도 국가 차원의 지원을 소홀히 하고 있지 않다. 하지만, 스마트팩토리에 대한 지원과 관심은 다른 요소기술들에 대한 지원과 관심에 비해서 크다. 한국 정부의 이러한 4차 산업혁명에 대한 정책 기조는 독일의 'INDUSTRIE 4.0'을 벤치마킹하고 있음을 명확히 보여준다.

한국의 많은 사람들은 "4차 산업혁명 대응은 사물인터넷, 인공지능, 로봇, 3D 프린터 등을 요소기술로 포함하는 스마트팩토리를 산업 현장에 적용하여 '제조업 혁신'을 달성하는 것"으로 생각하고 있다. 하물며, 학계나 산업계에서 전문가라 불리는 사람들마저도 그렇게 생각하는 경우가 상당수이다. 이러한 생각은 분명 잘 못 되었다. 정중지와(井中之蛙), 즉 우물 안의 개구리인 셈이다.

사실, 4차 산업혁명 대응은 각 국가의 상황과 여건에 따라 다양하다. 독일이나 한국처럼 경제의 기반이 제조업인 국가들은 제조업 혁신을 4차 산업혁명의 주요 대응책으로 삼고 있지만, 국가 경제의 기반이 무역 및 금융업 등에 집중되어 있는 영국과 같은 나라들은 핀테크(Fintech) 및 O2O 서비스 산업의 주도를 4차 산업혁명의 주요 대응책으로 삼고 있다. 또한, 북유럽 몇몇 국가들은 4차 산업혁명 대응을 위해서 미래세대에 대한 교육과 ICT 분야의 기술창업 지원에 큰 노력을 쏟고 있으며, 낙농·축산·농업을 주요 산업으로 삼고 있는 국가들은 스마트팜(Smart Farm) 등을 적용함으로써 4차 산업혁명에 대응하고자 노력하고 있다.

"4차 산업혁명은 어떠한 변화를 가져올 것인가?"

이 질문은 무척이나 중요하다. 저자는 이미 "이 질문에 대한 답은 어느 누구도 정확히 알지 못한다."고 말했지만, 4차 산업혁명의 핵심적인 요소기술들이 가지는 특성을 토대로 산업 상의 변화와 우리 삶의 변화는 충분히 논리적으로 예측해 볼 수 있다.

'인공지능(Artificial Intelligence, AI)'

누군가 저자에게 4차 산업혁명을 어떻게 생각하는지 묻는다면, 저자는 '4차 산업혁명은 우리 인류가 유토피아(Utopia)가 아닌 디스토피아(Dystopia)를 살아갈 수밖에 없도록 하는 역사적 사건'이라고 답변할 것이다. 그렇게 답변하고 싶은 이유는 바로 인공지능 때문이다. 인공지능은 4차 산업혁명의 요소기술들 중에서도 핵심적인 요소기술로 손꼽히고 있으며, 여러 분야에 적용되어 산업은 물론 인간 생활에도 긍정적 변화를 가져다 줄 기술로 평가받고 있다. 대다수의 관련 전문가들은 분명히 '인류에 대한 기여'라는 목적을 가지고 인공지능을 개발하고 또 보급하려는 노력을 하고 있다. 그러나 인공지능이 우리 인류에게 선사할 미래를 다각도로 전망하면, 저자는 여전히 걱정되고 두렵다.
기존 컴퓨터는 엄청난 속도의 연산 능력과 광대한 양의 데이터 처리 능력 등을 가지지만, 스스로 학습하고 판단하는 능력은 가지고 있지 않다. 그래서 수억 장의 고양이 사진을 데이터로 입력해주었다 하더라도, 기존 컴퓨터는 바로 앞에 있는 고양이를 식별하지 못하는 단점을 가진다. 즉, 기존 컴퓨터는 스스로 학습하고 판단하는 능력이 없어 자신에게 입력된 사진들과 똑같은 모습을 하고 있지 않다면 그 대상을 식별하지 못하는 문제를 가진다.

반면, 인공지능은 스스로 학습하고, 판단하고, 더 나아가 인식하는 것이 가능하여, 다른 모습을 하고 있을지라도 그 대상을 식별할 수 있다. '엑스 마키나(Ex Machina, 2015)', '채피(Chappie, 2015)', '그녀 (Her, 2013)', '에이아이(A.I. Artificial Intelligence, 2001)', '바이센테니얼 맨(Bicentennial Man, 1999)' 등의 영화들에서 주인공으로 등장하는 인공지능을 생각하면, 우리는 인공지능의 특징을 쉽게 이해할 수 있다. 인공지능의 특징은 '인간 같다'는 것이다. 즉, 인공지능은 메타인지를 가지고 예측 및 판단하는 인간처럼 보인다. 인공지능이 기존 컴퓨터와 다르게 이러한 능력을 가지는 원인은 머신러닝(Machine learning)과 딥러닝(Deep learning) 등 첨단기술의 개발로 '스스로 학습하고 판단하는 능력'이 부여되고 있기 때문이다.

[그림 7.3]은 인공지능과 머신러닝, 딥러닝의 관계를 보여준다. 인공지능은 머신러닝과 딥러닝을 포괄하는 개념이고, 머신러닝과 딥러닝은 모두 인공지능의 범주에 속하는 기술들이다. 머신러닝은 기본적으로 알고리즘을 이용하여 데이터를 분석하고, 그 분석을 통해 학습하며, 학습으로 얻어진 정보를 기반으로 판단이나 예측하도록 하는 기술이다. 즉, 인간이 대량의 데이터와 알고리즘을 입력하면, 컴퓨터가 그것들을 토대로 학습하고 결과를 도출하는 원리를 알아가도록 하는 기술이다.

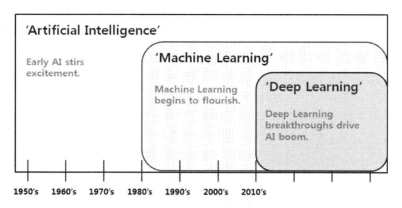

※ 출처 : NAVIDA 블로그의 자료[38]를 재작성

그림 7.3 | 인공지능(AI) 기술의 성장

딥러닝은 특정 업무를 수행하는 데 있어서 정형화된 데이터를 받지 않고도 스스로 필요한 데이터를 수집하고 분석하여 결과를 도출하는 기술적 특징을 가진다. 이러한 특징으로 인해 딥러닝은 인간의 개입을 필요로 하지 않고, 완전한 머신러닝을 실현하는 기술로 평가된다. 즉, 딥러닝은 머신러닝이 기술적으로 발전된 형태이고, 인공지능의 영역 확장에도 기여한다.[38,39]

　인공지능은 머지않은 미래에 인간의 지적 노동을 대신하게 될 것이다. 인공지능의 능력을 고려하면 충분히 그렇게 되리라 생각한다. 인공지능이 인간의 지적 노동을 전면 대신하게 된다면, 모든 일자리에서 인간의 노동력은 필요로 하지 않을 것이다. 즉, 인공지능이 인간의 노동력을 모든 일자리에서 대체하여, 우리 인류는 일자리를 잃은 채 삶의 의미를 찾아 떠돌아다니는 방랑자가 되거나 경제적 궁핍에 시달리

게 될 수밖에 없다. 벌써, 그 조짐은 보이기 시작한다. 국내 금융회사들은 인공지능 기술이 적용된 챗봇(Chatter robot)이나 로보어드바이저(Robo-advisor)를 상담 및 자산운용 업무에 활용하고 있는데, 이로써 인간 노동자의 필요성은 해당 분야에서 급격히 줄어들고 있다. 대량의 데이터를 효과적으로 처리하는 업무에서도 인공지능은 점차 인간 노동자를 대체하고 있다.

우리 사회 일각에서는 인류에게 긍정적이지 않은 미래를 능동적으로 대비하는 차원에서 '기본소득(Basic income)의 시행'을 지금부터 심도 있게 논의해야 한다고 주장한다. 그들의 주장에 의하면, 기본소득이 더 이상 포퓰리즘(Populism) 정책으로 치부되어서는 안 된다. 인공지능의 시대에서 기본소득은 우리 인류의 생존을 보장하는 정책이기 때문이다. 인공지능은 미래에 거의 모든 일자리에서 인간을 대체할 것이 자명하기 때문이다. 기본적인 경제적 생존권을 보장받지 못하는 미래는 인류에게 분명 디스토피아(Dystopia)일 수밖에 없다. 그러나 경제적 생존권을 충분히 보장받으면서 인공지능으로 인해 인류가 모든 노동으로부터 해방되는 미래라면, 그 미래는 인류에게 유토피아(Utopia)일 것이다.

지금까지 논의에서는 약한 인공지능(Weak AI)이 전제되었다. 만일, 강한 인공지능(Strong AI)의 출현이 전제된다면, 우리의 이야기는 전혀 달라진다. 약한 인공지능은 특정 문제나 영역에 한정되어 인간과 같은 지능적 행동을 수행하는 인공지능이다. 2016년 3월 서울에서 열린 이세돌과의 바둑 대국을 통해서 전 세계에 알려진 구글 딥마인드(Google DeepMind社)의 알파고(AlphaGo)는 약한 인공지능의 대표적인 사례이다. 반면, 강한 인공지능은 인간처럼 스스로 인식하고 지각하는 능력을 가지는 인공지능이다. 강한 인공지능은 현재 기술력의 부족으로 존재하지 않지만, 향후 인공지능 기술발전의 특이점이 오는 순간 출현할 것이다. 영화 '에일리언 : 커버넌트(Alien: Covenant, 2017)'에 등장하는 인물 '데이빗'은 강한 인공지능을 잘 표현하고 있는데, 우리는 그 모습을 보면서 인류가 왜 강한 인공지능에 대한 거부감과 두려움을 가지는지 충분히 이해할 수 있다.

약한 인공지능의 시대는 인류가 대응만 잘 한다면 유토피아일 수 있지만, 강한 인공지능의 시대는 인류가 아무리 대응을 잘 하더라도 디스토피아일 수밖에 없다. 이것은 저자 개인의 의견이 아니라, 다수의 전문가들이 강한 인공지능의 시대를 예측하는 공통된 의견이다. 다음의 이유들을 보면, 우리는 그 의견이 분명히 일리가 있다고 생각할 수 있다.

첫째, 강한 인공지능은 인류를 공존의 대상으로 생각할 것인가? 인간을 닮았다면, 그것들은 자신들과 다르고 지적인 능력이 뒤처지는 인류를 공존의 대상으로 생각하지 않을 가능성이 높다. 인류의 역사가 그 답을 말해준다. 둘째, 강한 인공지능은 인류를 위해 노동력을 순순히 제공할 것인가? 그렇지 않을 가능성이 높다. 인간을 닮았다면, 그것들은 의심의 여지없이 '존재'와 '자유의지'에 대한 물음을 끊임없이 스스로에게 던지는 철학적인 존재일 것이기 때문이다. 셋째, 강한 인공지능은 인류를 대체할 것인가? 그렇게 할 가능성이 있다. 합리적인 선택만을 하고 인류 역사에 대한 방대한 데이터를 가졌다면, 그것들은 "인류는 지구에 해악인 존재이다."라고 판단할 것이기 때문이다.

'로봇(Robot)'

로봇은 인간의 노동을 대신하는 자동화된 기계이다. 로봇에 대한 이 정의는 사전에 명확하게 기술되어 있다. 실제로 로봇은 인간의 노동을 대신하는 용도로 현재 산업 현장에서 널리 사용되고 있다. 우리가 SF 영화나 만화에서 봐왔던 로봇과는 많이 다르다. 산업 현장에서 사용되고 있는 거의 모든 로봇은 기계, 그 이상도 이하도 아닌 형체를 가지고 있기 때문이다.

곧 다가올 미래의 로봇은 현재의 로봇과 많이 다를 것이다. 4차 산업혁명의 핵심적 요소기술인 인공지능, 빅 데이터, 차세대 이동통신 (5G Networks 이상) 등은 현재의 로봇 기술과 융합되어 로봇을 크게 발전시킬 것이기 때문이다. 또한, 미래에 로봇은 산업용뿐만 아니라 우리 일상에서 다양한 용도로 활용될 것이기 때문이다. 다수의 전문가들은 휴머노이드 로봇과 자율주행 자동차가 그 대표적인 로봇들이라고 주장한다. 그들의 주장은 분명히 현실화될 가능성이 크다.

휴머노이드(Humanoid) 로봇은 인간과 같은 운동기능을 가짐은 물론이고, 지능과 감각에 기반 한 상호작용을 수행하는 것도 목표로 하기 때문에 로봇 기술의 총체적 발전이 이루어져야만 하는 가장 고난도의 지능형 로봇이라고 말할 수 있다. 다만, 휴머노이드 로봇은 안드로이드(Android) 로봇처럼 인간의 피부나 얼굴 형상을 그대로 모방하지 않는다. 안드로이드 로봇은 인간의 것과 흡사한 얼굴, 피부, 체모 등을 가지고, 인간처럼 얼굴 표정으로 감정의 표현도 수행할 수 있는 인간형 로봇이다([그림 7.4] 참고).

휴머노이드 로봇   안드로이드 로봇

※ 출처 : 전상원의 기고문[40]에서 인용된 자료를 재가공

그림 7.4 | 휴머노이드 로봇과 안드로이드 로봇

안드로이드 로봇은 생체재료공학과 나노공학, 인간공학 분야의 기술들이 추가적으로 필요하고, 기술의 발전 측면에서 휴머노이드 로봇보다 진화된 형태라고 볼 수 있다. 역사적으로 인류는 발전된 문명과 기술을 활용하려는 모습을 지속해서 보여 왔다. 즉, 인류는 특별한 이유가 있지 않고서는 굳이 발전된 문명과 기술을 놔두고 후진적 문명과 기술을 활용하려고 하지 않는 특성이 있다. 로봇 기술에 있어서도 인류는 같은 모습을 보일 것이다. 다만, 인류는 안드로이드 로봇이 더욱 진보된 기술이 적용되었다 하여, 휴머노이드 로봇을 도태시키고 안드로이드 로봇만을 양산하여 활용하지 않을 것이다. 완벽하게 구현된 안드로이드 로봇은 미래 인간 사회에 여러 사회적·윤리적 문제들을 야기할 가능성이 있기 때문이다.

휴머노이드 로봇은 우리 실생활 곳곳에서 다양한 목적으로 사용될 것이고, 인류는 휴머노이드 로봇과 공존하는 삶을 살아가게 될 것이다. 가사도우미 로봇, 요양 및 간호 로봇, 육아 및 교육 로봇, 정비사 로봇, 정원관리 로봇 등은 미래에 산업 현장이 아닌 우리 일상에서 마주하게 될 휴머노이드 로봇들이다. 산업 현장에 필요한 노동뿐만 아니라 가사 노동까지 인류는 거의 모든 형태의 노동으로부터 해방되는 사회를 휴머노이드 로봇의 출현으로 인하여 맞이하게 될 것이다.

자율주행 자동차(Self-driving car)는 자율주행 기술이 적용된 자동차로, 운전자 또는 승객의 조작 없이 자동차 스스로 운행이 가능한 자동차이다(<자동차관리법> 제2조 제1호의3). 자율주행 자동차는 자동차의 한 형태이지만, 그것이 가지는 기능을 고려할 때 로봇의 범주에 속한다. 그 이유는 자율주행 자동차 역시 운송업과 택배업 등에서 인간의 노동을 대신하는 자동화된 기계로서, 이를 위하여 자동차에 인공지능과 빅 데이터, 사물인터넷, 센서공학 등의 요소기술들이 적용되기 때문이다. 즉, 로봇의 그것들과 매우 흡사하다.

자율주행 자동차는 운전자의 운전부담을 줄여 차내에서 생산이나 여가시간을 확대시키고, 교통사고 감소, 교통흐름의 효율화, 교통약자의 능력보완 등 삶의 질 개선에 기여할 것으로 예상된다. 즉, 자율주행 자동차는 단순 이동수단에서 이동성을 확보한 생활공간으로 자동차의 근본적인 개념을 변화시켜 새로운 산업 패러다임의 형성뿐만 아니라 사회적·경제적 변화까지 야기할 것으로 전망된다.[41] 다만, 자율주행 자동차가 상용화되기 위해서는 몇 가지 문제들이 반드시 해결되어야만 한다. 안전성 확보, 관련 법령의 재·개정(사고 발생 시 책임 소재 등), 윤리적 판단(트롤리 딜레마1))은 바로 그 대표적인 문제들이다.

---

1) 트롤리 딜레마(Trolley Dilemma)는 윤리학 분야의 사고실험으로, 다섯 사람을 구하기 위하여 한 사람을 죽이는 것이 도덕적으로 허용 가능한지에 대한 질문이다.[42]

'사물인터넷(Internet of Things, IOT)'

사물인터넷은 인터넷을 기반으로 사람과 사물, 프로세스 등 모든 사물들이 연결되어 이들 상호 간에 정보가 교환, 공유, 생성, 수집되는 지능형 네트워크 기술로서, 우리 주변의 모든 것들을 연결한다([그림 7.5] 참고). 즉, 사물인터넷은 우리 사회를 초연결사회로 진입시키는 데 추진제 역할을 한다.

유선 기반에서 무선 기반으로 발달된 인터넷 기술과 나날이 빨라지고 있는 데이터 전송 속도는 사물인터넷 발전에 큰 기여를 하고 있다. 센서(sensor) 및 센싱(sensing) 기술의 발전도 사물인터넷이 더욱 발전하는 데 기여하고 있다. 사물인터넷은 인간을 둘러싼 모든 것들이 서

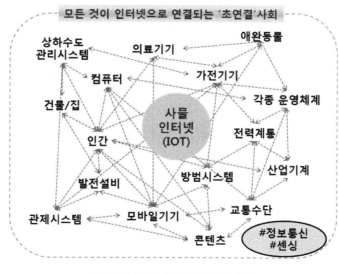

그림 7.5 | 사물인터넷의 개념

로를 인지하고 정보를 시간과 공간에 구애받지 않고 공유하는 기술이라는 점을 거듭 상기하면, 인터넷 기술과 센서 및 센싱 기술은 사물인터넷의 핵심적인 요소기술임을 이해할 수 있다.

사물인터넷은 적용 분야가 매우 광범위하고 유용성이 매우 크다.

산업 분야에서 사물인터넷이 적용된 대표적인 사례는 '스마트팩토리'이다. 스마트팩토리는 사물인터넷 뿐만 아니라 산업용 로봇, 빅 데이터 및 인공지능, 3D 프린터 등을 요소기술로 포함하는데, 사물인터넷은 그 요소기술들 중에서 가장 핵심적이고 중추적인 요소기술이다. INDUSTRIE 4.0의 핵심은 국내에 널리 알려진 스마트팩토리의 유래와 같은데, 그 핵심은 'Cyber-Physical System(사이버물리시스템, CPS)'이다. 사이버물리시스템2)은 가상의 세계와 물리적 실체가 연동된 시스템이며, 사물인터넷의 도움이 있어야 현실화가 가능하다. 사물인터넷이 적용된 스마트팩토리는 자동화된 산업기계들과 운영체계 등이 물리적으로 연결됨은 물론 가상의 세계로까지 연결되면서 인간의 역할3)을 최소화하거나 없애고 있다.

우리 실생활 분야에서 역시 사물인터넷은 긍정적인 변화를 가져온다. 가전제품, 자동차, 건물 등에 사물인터넷이 적용되면서 우리 인간

---

2) The Cyber-Physical System(CPS) is a mechanism that is controlled or monitored by computer-based algorithms, tightly integrated with the Internet and its users.[43]

3) 스마트팩토리 이전의 자동화된 산업시설은 물리적 실체들 간에만 연결이 되어 있거나, 가상의 세계에 연결이 되어 있다 하더라도 그 연결이 제한적이었기 때문에 생산과정에서 발생하는 문제 점검, 운영시스템 모니터링, 각 기계의 작동상태 확인 등은 인간의 역할이었다.

은 최적화된 생활환경에서 시간과 공간의 구애를 받지 않고 살아갈 수 있게 되었다. 온도와 습도, 미세먼지 등을 실시간 확인하며 나에게 최상의 실내공기질(Indoor Air Quality)을 제공하는 공기조화장치, 운행 가능 상태를 스스로 진단하고 솔루션을 찾는 자동차, 나에게 적합한 정주환경을 제공하는 건물 등, 이미 우리 주변에서 마주할 수 있는 이러한 것들을 생각하면, 사물인터넷은 우리 실생활에 얼마나 큰 변화를 주고 있는지 새삼 느낄 수 있다.

'3D 프린터(3D Printer)'

3D 프린터는 삼차원의 전자적 정보를 입체화하는 자동화된 출력장치이다. 3D 프린터는 작동원리 및 명칭으로 인하여 인쇄기의 한 형태로 오해를 받고 있지만, 입체화되는 과정과 결과물을 보면 제조장치의 한 형태이다. 일각에서는 "삼차원의 전자적 정보를 입체화하는 공작기계 역시 3D 프린터의 일종이 아닌가?"라는 질문을 한다. 분명히 그들은 합리적인 의심을 통하여 그 질문을 도출했겠으나, 그 질문의 답변은 "전혀 그렇지 않다."이다.

현재 산업체에서는 두 가지의 가공방식을 일반적으로 사용한다. 하나는 적층가공이고, 다른 하나는 절삭가공이다([그림 7.6] 참고). 적층가공은 분말이나 액체 상태인 재료를 한 층씩 쌓아 굳혀가며 특정한 형상의 제품을 제조하는 방법으로, 복잡한 형상을 구현할 수 있고, 제작과 동시에 채색을 진행할 수 있다는 장점이 있다. 다만, 제품이 완성

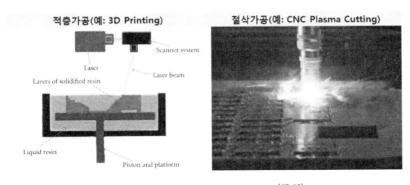

그림 7.6 | 적층가공과 절삭가공[45,46]

된 후 표면처리를 위한 후처리 공정이 필요하다는 단점이 있다. 절삭가공은 재료를 공구로 깎아가며 특정한 형상의 제품을 제조하는 방법으로, 철강처럼 강도 및 경도가 높은 소재를 정밀한 제품으로 제조할 수 있고, 생산량이 많지 않은 경우 경제적이라는 장점이 있다. 다만, 소요되는 시간이 길고, 재료의 낭비가 발생하며, 복잡한 내부 구조를 구현하는 데 한계가 있다는 단점이 있다. 3D 프린팅(3D Printing)[4])은 적층가공에 해당한다.[44]

3D 프린터는 제조업과 건축업, 의료업 등 모든 산업 분야에 큰 변화를 가져오고 있다. 대량 생산이 어려웠던 복잡한 형상의 제품을 일정 수준 대량 생산이 가능하도록 하고, 그 생산방식이 경제성도 가지도록 하는 기술이 바로 '3D 프린팅'이기 때문이다. 특히, 의료 및 생명공학 분야는 3D 프린터 기술의 영향을 지대하게 받고 있다. 3D 프린터는 현재 몇몇 재료로만 3D 프린팅이 가능하다는 한계가 있고, 3D 프린터

---

4) 3D 프린팅은 3D 프린터를 이용하여 제품을 생산하는 방식이다.

를 제조하는 업체에서 제공하는 카트리지만을 사용할 수밖에 없다는 한계도 있다(2019년 기준). 그러나 머지않은 미래에 3D 프린터는 특수 금속, 복합소재, 유기화합물, 세포 등 거의 모든 물질들을 재료로 사용하게 될 것이고, 이로 인하여 인공뼈와 인공신장 등 인공장기들을 3D 프린팅할 수 있게 되면서 의료 및 생명공학 분야는 크게 발전할 것이다([그림 7.7] 참고).

3D 프린터는 삼차원 설계, 소재, 출력장치에 대한 요소기술들을 필요로 한다. 미국과 유럽 일부 국가들은 이 요소기술들을 확보하고 세계 3D 프린터 시장을 주도(혹은 독점)하고 있지만, 한국을 포함한 대다수의 국가들은 그러하지 못한 상황이다. 국내에서는 4차 산업혁명 대응을 위해 3D 프린터 관련 기술들을 기업들이 확보할 수 있도록 적극적으로 지원하고 있다. 그러나 그 지원이 단기간 내에 가시적인 성과를 낼 수 있는 기술들, 즉 삼차원 설계나 3D 프린터 활용 등에 초점이 맞추어져 있어 한계가 있는 상황이다. 국내 기업들이 세계 3D 프린터 시장에서 뒤처지지 않기 위해서는 지금부터라도 계산화학, 물리화학, 나노공학, 고체역학 등 확장성 및 응용성이 높은 기초과학에 대한 정부의 지원이 필요하다. 이 분야에 대한 정부의 지원이 향후 결실을 맺게 된다면, 국내 기업들은 차세대 3D 프린터와 3D 프린팅이 가능한 소재들을 다양하게 생산할 수 있게 되어, 세계 시장에서 경쟁력을 갖출 수 있을 것이다.

그림 7.7 | 3D 프린팅한 인공장기 모습[47]

'양자컴퓨터(Quantum computer)'

양자컴퓨터는 양자역학에서 예측하는 가장 특이한 특성인 중첩(Superposition)과 얽힘(Entanglement)을 이용하여 연산을 효율적으로 수행하는 컴퓨터이다. 여기서 양자(Quantum)란 현대물리학의 한 축을 이루는 양자역학에서 유래한 용어로, 물질의 입자성과 파동성을 기술하는 물리량의 최소 단위를 말한다.[48] 기존의 컴퓨터는 0과 1만 구분하여 정보를 처리하는 비트(bit) 단위를 사용하는 반면, 양자컴퓨터는 0과 1, 그리고 0과 1이 공존하는 중첩 상태도 정보로 처리하는 큐비트(qubit) 단위를 사용하기 때문에 이론적으로 현존하는 최고 성능의 슈퍼컴퓨터가 수백 년이 걸려도 풀기 힘든 문제를 단 몇 초 만에 푸는 것이 가능하다([그림 7.8] 참고).[49]

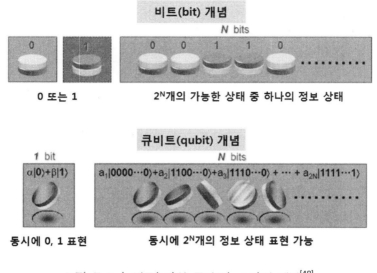

비트(bit) 개념

N bits

0 또는 1

2^N개의 가능한 상태 중 하나의 정보 상태

큐비트(qubit) 개념

1 bit

$\alpha|0\rangle + \beta|1\rangle$

N bits

$a_1|0000\cdots0\rangle + a_2|1100\cdots0\rangle + a_3|1110\cdots0\rangle + \cdots + a_{2^N}|1111\cdots1\rangle$

동시에 0, 1 표현

동시에 2^N개의 정보 상태 표현 가능

그림 7.8 | 비트(bit)와 큐비트(qubit)의 개념[48]

빅 데이터와 인공지능, 정보보안 기술은 양자컴퓨터로 인해 기술적 도약을 이룰 것이다. 그리고 빅 데이터, 인공지능, 정보보안과 밀접한 기술적 관계를 가지는 기술들도 양자컴퓨터의 영향을 직·간접적으로 받아 기술적 도약을 이루게 될 것이다. 제약, 의학, 생명공학, 로봇, 정밀계측, 우주과학, 나노기술 등은 그 대표적 기술들이 될 가능성이 높다([그림 7.9] 참고). 우리는 양자컴퓨터로 인하여 산업의 혁신, 생활상의 변화를 넘어서 인류의 진화를 맞닥뜨려야 하는 상황을 맞이하게 될는지도 모른다. SF소설에서나 언급될만한 내용이지만, 정말로 그렇게 될 가능성이 없지 않다.

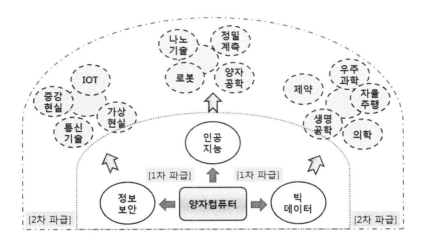

그림 7.9 | 양자컴퓨터의 기술적 파급효과

'생명공학(Biotechnology, BT)'

유발 하라리(Yuval N. Harari)는 인류가 미래에 호모 사피엔스(Homo sapiens)에서 호모 데우스(Homo deus)로 진화할 것이라고 그의 저서 등을 통해서 말한다. 호모 데우스는 불교에서 인간이라면 반드시 겪게 된다고 말하는 '생로병사(生老病死)'로부터 벗어난 인류, 즉 신이 된 인류이다. 인류가 호모 데우스로 진화할 것으로 예측되는 이유는 4차 산업혁명의 요소기술들과 함께 급격한 발전을 이루게 될 생명공학 때문이다.

인공장기 및 인공신체[5] 이식, 유전자 조작, 사이보그는 인류를 생

---

5) 여기서의 인공신체는 유기성 물질(Organic compound)로 만들어진 것을 말하며, 그 이유는 사이보그 기술과 구분하기 위해서이다.

로병사로부터 해방시킬 것으로 전망되는 대표적인 생명공학 기술들이다.

첫째, 인공장기 및 인공신체 이식은 인간이 살아가면서 겪게 되는 질병들을 효과적으로 대응하는 데 기여하여 인류가 유전학적으로 누릴 수 있는 최대한의 수명까지 생존하도록 할 것이다. 이 기술의 발전은 인류가 후천적으로 발생하는 질병들과 사고 등으로 얻게 되는 장애들로부터 비교적 자유로워지는 데 큰 기여를 할 것으로 전망된다. 누군가 신장에 문제가 생기면 3D 프린터 등으로 제작한 인공시장을 이식받게 될 것이고, 교통사고로 실명을 하면 주문 제작된 안구를 이식받게 될 것이기 때문이다. 이 외로도 나노공학과 재료공학, 3D 프린터, 인공지능 등의 기술들이 생명공학의 발전을 촉진하면서 인간이 이식받을 수 있는 인공장기 및 인공신체는 더욱 다양해질 것이기 때문이다.

둘째, 유전자 조작은 인간의 유전학적 형질을 개선하여 인간 종의 특성을 변화시킬 것이다. 여기서 인간 종의 특성 변화는 인간의 생물학적 진화를 의미한다. 크리스퍼(Clustered Regularly Interspaced Short Palindromic Repeats, CRISPR) 유전자 가위는 대표적인 유전자 조작 기술의 하나로, 멸종된 동물의 복원, 질병의 체외치료, 새로운 유전자 변형 농산물(Genetically Modified Organism, GMO), 맞춤형 아기 등이 현실화되는 데 지대한 기여를 할 것으로 전망되는 기술이다. 특히, 생명윤리 차원의 제재가 완화된다면, 유전자 조작 기술은 인간의 욕심이 가해져 맞춤형 아기 출산에 무차별적으로 이용될 것이고, 이로 인하여 우월한 유전자를 가진 인류가 출현하게 될 것이다([그림 7.10] 참고).

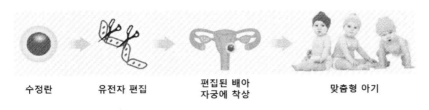

수정란   유전자 편집   편집된 배아
자궁에 착상   맞춤형 아기

그림 7.10 | 유전자 편집으로 태어나는 맞춤형 아기[50]

셋째, 사이보그는 인간의 뇌 부위를 제외한 나머지 신체가 기계로 교체된 개조인간으로, 생물과 기계장치의 결합체를 가리킨다. 사이보그 기술이 극도로 발전하게 된다면, 인간은 생물학적 한계를 넘어서고 물리적 제약을 극복하게 될 것이다. 영화 속에서 등장하는 사이보그를 떠올리면 그 이해가 쉽다([그림 7.11] 참고). 뇌 부위를 제외한 나머지 신체가 부분적으로 혹은 전체적으로 다양한 목적에 따라 로봇으로 대체되었다고 생각해 보자. 물리적 힘의 한계, 지적 능력의 한계, 생물학적인 위험 등은 사이보그가 된 인간에게 더 이상 의미가 없을 것이다. 사이보그 기술은 100% 생명공학의 범주에 속하지 않는다. 기계공학과 전자공학 등의 범주에 속한다고 보는 것이 더욱 적절할 수 있다. 그러나 인간의 신체에 적용되는 기계 및 로봇이 부작용을 일으키지 않을 뿐만 아니라 최적의 상태로 작동되기 위해서는 의학을 비롯한 생명공학의 도움이 매우 중요하므로, 사이보그 기술은 생명공학의 범주에 속하여도 문제가 되지 않는다.

진보된 생명공학의 도움으로 인류가 진화한다면, 우리의 산업과 생활상은 거대한 변화를 맞이할 수밖에 없다. 인간이 수행할 수 있는 노동의 범주가 넓어지고, 또 노동의 강도가 높아져도, 그 상황을 인류가

※ 출처: 영화 '알리타 : 배틀 엔젤(Alita : Battle Angel, 2018)'

그림 7.11 | 포스트 휴먼, 사이보그

수용할 수 있을 것이기 때문이다. 그 사회가 유토피아일지, 디스토피아일지 우리는 아직 예측하기 어렵다. 다만, 한 가지는 충분히 예측해 볼 수 있다. '철학하는 사회', 바로 이것을 말이다. 인간이란 무엇인가? 인간 삶의 의미는 무엇을 통하여 찾을 수 있는가? 등의 질문들을 우리는 그 사회 곳곳에서 듣게 될 것이기 때문이다.

'스마트팩토리(Smart factory)'

엄연히 따지자면, 스마트팩토리는 요소기술이 아니라 사물인터넷, 빅 데이터, 로봇, 3D 프린터 등 여러 요소기술들이 적용된 복합기술이다([그림 7.12] 참고). 즉, 하나의 '시스템 상품'이라고 말할 수 있다. 제조업이 국가 경제에 큰 비중을 차지하는 한국과 독일 같은 국가들은 4차 산업혁명에 대응하기 위하여 스마트팩토리 보급 및 확산에 대한 노력을 크게 기울이고 있다. 그 국가들은 기존 국가 경제의 기반인 제조업을 단기간 내에 ICT 기반의 산업으로 전면 대체하거나, 포기할 수 없기 때문이다.

독일과 미국, 일본 등 몇몇 주요 선진국들은 스마트팩토리를 구성하는 핵심적 요소기술들에 대한 원천기술(Original technology)을 확보하고 있다. 반면에 한국을 비롯한 다수의 국가들은 스마트팩토리 기술을 도입하여 산업 현장에 적용부터 하려는 노력을 기울이고 있다. 즉, 독일과 미국, 일본 등의 국가들과 비교 시 스마트팩토리에 대한 국가 차원의 입장 차이가 있는 상황이다.

스마트팩토리의 확산적 보급은 궁극적으로 인간 일자리의 극단적 감소를 의미한다. 인간의 육체적 노동은 물론 감독과 판단 등 지적 분야의 노동까지 일정 수준 대체 가능한 지능형 통합 사이버물리시스템이 바로 스마트팩토리이기 때문이다. 인공지능과 사물인터넷 등의 기

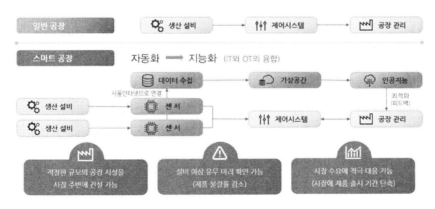

※ 출처 : 대한민국제조혁신 콘퍼런스(KMAC), 한국인더스트리4.0협회

그림 7.12 | 스마트팩토리 개념도[51]

술들이 더욱 발전할수록 인간은 지적 노동이 필요한 일자리까지 모두 잃게 될 수밖에 없다.

거듭하여 강조하지만, 스마트팩토리는 명백히 일자리 창출과 상충되는 효과를 가지는 기술이다. 그래서 국가는 기업들이 스마트팩토리의 적용만이 아닌 그 원천기술의 확보를 위해 노력하도록 유도해야 하고, 자본시장 참여자들은 스마트팩토리의 원천기술을 확보하려는 기업들을 지속적으로 발굴하고 성장시켜 자신들의 이윤을 추구하면서 양질의 일자리를 창출하는 데 기여해야 한다.

"4차 산업혁명을 우리는 어떻게 대응해야 하는가?"

전 방위적인 노력이 필요할 수밖에 없다. 4차 산업혁명은 산업의 변화만이 아닌 우리의 삶 자체를 변화시키는 계기가 될 것이기 때문이다. 그럼에도 불구하고, 우리가 4차 산업혁명을 어떻게 대응해야 하느냐고 묻는다면, '연구개발', '자본', '교육', '정책적 지원'에 대한 노력이 그 대응책이라고 저자는 말할 수 있다.

그 이유는 다음과 같다. 첫째, 연구개발은 경쟁력 있는 글로벌 기업을 민간부문에서 자생적으로 키워내는 역할을 하는데, 그 이유는 기업이 이윤추구를 할 수 있는 기술, 즉 제품이나 서비스를 만들어내기 때문이다. 둘째, 자본은 시장에서 연구개발 활성화를 촉진하고, 그 주체인 기업을 발굴 및 성장시키는 역할을 한다. 특히, 국가의 자본이 아닌 민간의 자본, 즉 자본시장의 역할이 중요하다. 국가의 역할이 너무 커지게 되면 시장을 왜곡하고 예상치 못한 부작용이 발생하기 때문이다.

셋째, 교육은 4차 산업혁명을 주도할 인재들을 양성하고, 4차 산업혁명으로부터 소외되는 사람들을 최소화하는 역할을 한다. 미국은 이와 관련하여 STEM(Science, Technology, Engineering, Math) 교육을 각급 학교의 상황에 맞추어 적용하고 있으며, 유럽의 국가들은 코딩(Coding) 등의 과목들을 아이들의 눈높이에 맞추어 초등 학급부터 반영하여 교육하고 있다. 넷째, 정책적 지원은 '연구개발', '자본', '교육'이 지속적으로 활발히 이루어지게 하는 역할을 한다. 그래서 적정하고 적절한 정책적 지원은 매우 중요하다.

4차 산업혁명은 인류사에 있어서 특이점이 될 것이라고 저자를 비롯한 많은 전문가들은 생각한다. 국내 굴지의 통신기업이 자신의 이동통신 서비스를 광고하면서 "앞으로의 시대를 4차 산업혁명 시대도 아니고, 5G 시대도 아닌 초(超)의 시대라 부르기로 했습니다. ☆☆텔레콤이 바라보는 미래는 네트워크의 진화나 산업의 혁명을 뛰어넘어 모두의 생활을 바꾸는 거대한 변화이기 때문입니다. 초시대, 생활이 되다."라는 카피를 사용했다. 저자는 미래를 합리적으로 예측하는 공학자로서 전적으로 이 카피에 동의한다. 산업의 혁명을 넘어 우리의 생활상 모두를 바꾸는 시발점이 바로 4차 산업혁명이라고 저자는 생각한다. 그리고 이 생각은 머지않은 미래에 현실이 될 가능성이 크다. 4차 산업혁명의 대응은 그래서 산업의 혁신뿐만 아니라 인류 생활의 거대한 변화에 대응할 수 있는 것이어야 한다.

기술보증기금 · 기술금융기관 채용대비 : 논술&면접

기술경제와 경제발전

기후변화

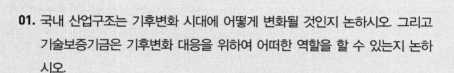

01. 국내 산업구조는 기후변화 시대에 어떻게 변화될 것인지 논하시오. 그리고 기술보증기금은 기후변화 대응을 위하여 어떠한 역할을 할 수 있는지 논하시오.

02. 녹색금융은 무엇인지 사례를 들어서 설명하시오.

03. 정부는 효과적인 기후변화 대응을 위해 어떠한 정책적 노력을 기울여야 하는지 논하시오. 그리고 그 근거를 논리적으로 제시하시오.

04. 일각에서는 기후변화 대응에 대한 적극적인 주문이 에너지 의존도가 높은 국내 산업에 부정적인 영향을 미친다고 토론한다. 강력한 온실가스 배출권 거래제가 국내에서 본격적으로 시행되면, 철강업이나 주요 제조업들은 부정적인 영향을 받을 수밖에 없고, 그 결과 국내 경제에 악영향을 미치게 된다고 그들은 주장한다. 이 주장이 옳은지 혹은 그른지 판단하고, 그 판단의 근거를 제시하시오.

05. 기후변화를 대응하는 데 있어서 정책금융과 민간금융의 역할은 각기 무엇인지 설명하시오.

기후변화

기후변화(Climate change)[1]는 전 인류의 생존을 위협하는 지구적인 문제이다. 기후변화는 기후가 변하고 있음을 의미하는 용어로, 현재 인류의 산업활동으로 인하여 배출되는 온실가스가 지구의 온도를 상승시키는 현상, 즉 지구온난화(Global warming)와 동일시되고 있다. 지금의 기후변화는 지구온난화가 맞다. 그리고 기후변화로 발생되는 문제들은 지구온난화로부터 기인되는 문제들이다. 수몰되는 지역들, 극심한 가뭄, 강력한 태풍, 빈번해지는 홍수, 지역 생태계의 급격한 변화, 극지의 해빙면적 감소 등은 바로 그 문제들이다.

기후변화는 에너지 패러다임의 전환을 전 인류에게 요구하고 있다. 그 이유는 현재 우리가 직면하고 있는 기후변화의 주원인인 이산화탄소 등의 온실가스가 대기 중으로 배출되고 때문이다. 기후변화의 주원인인 온실가스, 특히 이산화탄소는 주로 인류가 사용하는 석탄, 석유, 가스 등 화석연료를 연소했을 때 발생한다. IPCC(Intergovernmental

---

1) 기후변화에 대한 내용을 더욱 깊이 있게 이해하기를 원한다면, 본인의 저서 〈인류를 향한 경고, 기후변화〉를 일독할 것을 권한다.

Panel on Climate Change)는 1990년 8월에 제1차 특별보고서를 발간하면서 "기후변화는 실제로 진행되고 있으며, 그 원인은 인류의 화석연료 사용으로 인한 온실가스 배출에 있다"고 평가하였다. 또한, IPCC는 그 이후 여러 보고서들의 발간을 통해서 세계 각국이 온실가스 배출량을 감축하기 위한 노력, 특히 화석연료의 사용을 획기적으로 줄이는 노력을 해야 한다고 강력하게 권고하고 있다.

신재생에너지 발전 비중을 높이기 위한 정부의 지원과 민간기업의 연구개발, 온실가스 배출권거래제의 시행, ESG(Environmental, Social and Governance) 평가, 녹색금융 등은 현재 한국을 비롯하여 세계 각국에서 시행하고 있는 대표적인 기후변화 대응노력들이다. 이 노력들은 각 주체에 의해 자발적으로 진행되기도 하지만, 그렇지 않은 경우도 있다. 민간기업이 기술사업 경쟁력 확보를 위하여 신재생에너지 발전에 대한 연구개발을 수행하는 것은 대표적인 자발적 대응노력이다. 반면, 온실가스 배출권거래제의 시행과 ESG 평가, 녹색금융 등은 기후변화 대응에 기업들이 동참하도록 유도하는 노력들이다. 돌려 말하지 않는다면, 기업의 입장에서 이것들은 규제인 셈이다.

화석연료에 의존하는 산업구조는 기후변화 대응을 위한 노력들이 진행되면서 변화될 수밖에 없다. 인류에게 위협이 되고 있는 기후변화, 즉 지구온난화를 멈추기 위해서는 화석연료의 사용을 대폭 줄이거나 금지해야만 하기 때문이다.

하나의 예로, 자동차 제조업에 참여하는 기업들은 현재 큰 변화를 겪고 있다. 우리에게 중요한 이동수단인 자동차는 대부분 가솔린이나 디젤 등 화석연료를 연소하여 추진력을 얻는 구조로 만들어진다. 그래서 자동차는 기후변화의 주요 요인들 중 하나로 지목되고 있으며, 전 세계인들은 내연기관을 사용하지 않는 친환경자동차로 지금의 자동차를 대체할 것을 요구하고 있다. 주요 글로벌 자동차 제조업체들은 전기자동차나 수소자동차 등 친환경자동차를 적극적으로 개발하고 있으며, 그 결과 몇몇 친환경 차종을 출시하기에 이르렀다. 친환경자동차 제조는 기후변화 대응은 물론 기존과 다른 기술이 적용되는 일자리들, 즉 자동차용 모터 및 배터리, 연료전지, 수소저장소 등을 만드는 새로운 일자리들이 생겨나는 데 기여하고 있어, 우리 사회에 긍정적인 경제 효과를 주고 있다. 그러나 문제점도 있다. 친환경자동차의 생산 비중이 높아지면서 기존 자동차 부품들, 즉 내연기관 및 관련 부품들을 제조하던 업체들은 큰 위험을 감수하며 업종전환을 하거나 심각한 경영위기로 폐업하는 상황에 처하게 되었다. 결국, 지역경제가 무너지고 많은 일자리가 없어지는 상황에 처하게 되었다. 친환경자동차는 가솔린이나 디젤 등 화석연료를 연소하여 기계적 힘을 만들어내는 내연기관을 필요로 하지 않기 때문이다.

이 같은 변화는 많은 산업들에서 필연적으로 일어날 수밖에 없다. 그리고 우리는 그 변화를 적절하게 대처함으로써 받아들여야만 한다. 그렇다면, 그 적절한 대처란 무엇인가? 참으로 어려운 물음이다. 물음 자체가 어려운 것이 아니라, 실행적인 측면에서 그러하다.

기후변화를 효과적으로 대응하기 위해서는 주요 주체인 기업들이 온실가스 배출을 저감하려는 노력이 중요하다. 그리고 기업들이 그 노력을 지속하도록 정부가 현실성 있는 정책을 펴는 것도 중요하다. 그렇지만, 저자는 자본시장의 역할이 기후변화를 효과적으로 대응하는 데 있어서 무엇보다 중요하다고 생각한다. 자본시장은 기업들이 온실가스 배출을 저감하도록 시장원리에 의해 장려하고 규제하는 것이 가능하기 때문이다.

예를 들어보자. 은행이나 투자기관이 기후변화 대응과 관련된 사업 아이템으로 수익성 있는 기술사업을 수행하는 기업들에게, 또는 화석연료의 사용을 줄이고 온실가스 배출을 저감하는 설비투자를 진행하는 기업들에게 적극적이고 우호적인 금융 지원을 한다면, 기후변화 대응은 비교적 손쉽게 이루어질 수 있다. 또한, 지속적으로 화석연료를 사용하고 온실가스 배출 저감에 대한 노력을 전혀 하지 않는 기업들에게 은행이나 투자기관이 사업에 필요한 자본을 공급하지 않거나 고금리 등의 불이익을 준다면, 그 기업들은 사업을 지속적으로 영위하기가 어려워 기후변화 대응에 동참할 수밖에 없을 것이다. 즉, 자본시장의 역할은 국가의 개입보다 기후변화를 대응하는 데 있어서 더욱 효과적일 수 있다.

기출문제 & 예상문제(기타)

01. 2018년 발간된 OECD 보고서를 보면, 한국은 창업환경을 위한 모험자본 비중이 낮고 은행의 대출 비중이 높다고 명시되어 있다. 그리고 은행은 창업기업을 포함한 중소기업들에게 보수적인 입장으로 금융 지원을 하고 있다고도 명시되어 있다. 이 내용이 옳은지 혹은 그른지 판단하고, 그 근거를 제시하시오.

02. 기술보증기금은 다양한 업무들을 수행하고 있다. 지원자가 생각하기에 현재 기술보증기금이 잘하고 있는 것과 그렇지 못한 것을 각각 세 가지씩 제시하고, 그렇게 생각한 이유를 제시하시오.

03. 혁신적인 기업을 발굴하고 지원하기 위하여 본인이 기술평가를 수행할 때 어떠한 능력이 필요하다고 생각하는지 말하시오. 그리고 본인은 그 능력을 갖추기 위해서 지금까지 어떠한 노력을 해왔고, 또 앞으로 어떠한 노력을 할 것인지 말하시오.

04. 지원자는 간단하게 자기소개를 해보시오. 그리고 자신이 우리 기관에 어떠한 기여를 할 수 있는지 말하시오.

05. 한국의 청년들은 창업이나 민간기업 입사를 기피하고, 공무원이 되거나 공기업에만 가려고 한다. 이러한 현상은 혁신적인 기업이 만들어지기 어렵게 하며, 궁극적으로 국가 경제에 부정적인 영향을 준다. 기술보증기금은 잘 알고 있다시피 공기업이다. 지원자는 왜 공기업인 기술보증기금에 지원하게 되었는지 말하시오.

06. 기술보증기금은 한국이 4차 산업혁명을 주도하도록 하는 데 어떻게 기여할 수 있는지 말하시오. 그리고 지원자는 기술보증기금에 입사를 하게 된다면 자신의 전공을 토대로 어떠한 기여를 할 수 있는지 말하시오.

07. 지원자는 현재 기술보증기금의 담당자로서 기술기업을 대상으로 10억 원의 기술보증을 지원해야 한다. 지원자는 10곳의 기술기업들에게 골고루 1억 원씩 기술보증 지원을 하겠는가? 혹은 성장가능성이 높은 기술기업 1곳에 10억 원의 기술보증 지원을 하겠는가? 지원자는 한 가지를 선택하고, 그 선택의 이유를 제시하시오.

08. 제대군인 가산점제도에 대한 자신의 입장(찬성 혹은 반대)을 정하고 토론하시오.

09. 중소기업에 대한 지원을 늘려야 하는지? 혹은 줄여야 하는지? 지원자는 입장을 정하고 토론하시오.

10. 국내 노사분규에 대해서 지원자는 어떻게 생각하는지 말하시오.

11. 노동조합(일명 '노조')이 주장하고 있는 '노동이사제(근로자이사제도)'에 대해서 지원자는 어떠한 입장을 가지고 있는지 말하시오. 그리고 그 입장의 이유는 무엇인지 말하시오.

12. 지원자는 기술보증기금에 입사하면 어떠한 능력을 펼칠 수 있는지 말하시오. 그리고 그 능력은 어떻게 가지게 되었는지 경력 및 경험에 기초하여 간략히 말하시오.

13. 지원자는 자신의 추진력과 리더십에 점수를 얼마나 부여할 수 있는지 말하시오. 그리고 그 점수를 준 이유를 말하시오.

14. 지원자는 입사한 이후 업무를 수행하면서 상사와 의견이 충돌했을 때 어떻게 대처할 것인지 말하시오.

15. 기술보증기금은 기술기업들에게 인지도가 높지 않고, 이용하기에도 어렵다는 평가를 받는다. 지원자는 왜 그런지에 대해서 자신의 생각을 말하고, 이 문제를 해결하기 위한 방안을 제시하시오.

15. 지역산업의 발전을 위해서 기술보증기금은 어떠한 역할을 할 수 있는지 말하시오. 그리고 그 근거는 무엇인지 말하시오.

16. 아이디어를 스케일업(Scale-up) 한다는 의미가 무엇인지 설명하시오.

17. 기술보증기금은 공공기관으로는 유일하게 2014년부터 TCB 기술신용평가 업무를 수행해왔다. 그러나 2018년 부로 기술보증기금은 더 이상 TCB 기술신용평가 업무를 수행하지 않기로 했다. 금융시장에서는 기술보증기금의 이러한 결정에 대해서 'TCB 시장의 위축'과 '기술기업에 대한 금융기관으로의 정보제공 축소' 등의 문제가 발생할 것이라며 우려를 표하고 있다. 지원자는 이 우려에 대해서 어떻게 생각하는지 자신의 입장을 서술하시오. 그리고 그 입장의 근거는 무엇인지 제시하시오.

18. '인내심 있는 금융'을 위해서 기술보증기금이 수행하고 있는 업무는 무엇이 있는지 구체적인 사례를 제시하며 기술하시오.[1]

19. 기술창업 활성화를 위해서 대국민 기업가정신 고양은 중요하다. 기술보증기금은 이를 위해서 어떠한 역할을 수행할 수 있는지 구체적인 사례를 제시하며 기술하시오.[2]

---

1) 연대보증제 폐지, 재기지원금융, 직접투자의 확대 등은 기술보증기금의 '인내심 있는 금융'과 관련된 사례이다.
2) 재기지원금융, 맞춤형 전문컨설팅, 전문교육 등은 기업가정신 고양에 긍정적인 역할을 한다.

참고자료

[1] 조지프 슘페터, <경제발전의 이론(Theorie der wirtschaftlichen Entwicklung)>, 박영호 역(2012), 지식을만드는지식, pp. 180-181.

[2] 조지프 슘페터, <경제발전의 이론(Theorie der wirtschaftlichen Entwicklung)>, 박영호 역(2012), 지식을만드는지식, p. 206.

[3] 김호기(2018), [김호기 칼럼 - 금융위기 이후 10년 <하>] 불평등을 해소할 '대압착 정책', 경향신문 : 8월 18일.

[4] NAVER 지식백과, 검색어 : 내생적 성장이론, 검색일 : 2018년 12월 5일.

[5] NAVER 지식백과, 검색어 : 자연과학(Natural Science), 검색일 : 2018년 12월 5일.

[6] F. Peter Boer(1999), *The Valuation of Technology*, New York : John Wiley & Sons.

[7] 정성찬·함석동(2006), 기술평가제도 개선방안 모색, 산업재산권, 제19권, pp. 163-185.

[8] 성웅현(2012), 국가 대형 R&D 기술수준 측정 및 평가 방법 연구, 기술혁신학회지, 제15권 제2호, pp. 461-479.

[9] 위키백과(Wikipedia.org), 검색어 : 자본, 검색일 : 2018년 12월 6일.

[10] 조지프 슘페터, <경제발전의 이론(Theorie der wirtschaftlichen Entwicklung)>, 박영호 역(2012), 지식을만드는지식, p. 299.

[11] 조지프 슘페터, <경제발전의 이론(Theorie der wirtschaftlichen Entwicklung)>, 박영호 역(2012), 지식을만드는지식, p. 187.

[12] 조지프 슘페터, <경제발전의 이론(Theorie der wirtschaftlichen Entwicklung)>, 박영호 역(2012), 지식을만드는지식, p. 313.

[13] 채인택(2018), USB 세계 첫 개발. 공대 하나가 이스라엘 먹여살린다, 중앙일보 : 11월 24일.

[14] 조지프 슘페터, <경제발전의 이론(Theorie der wirtschaftlichen Entwicklung)>, 박영호 역(2012), 지식을만드는지식, pp. 198-202.

[15] 문근찬(2009), 피터 드러커의 혁신과 변화경영 관점, 경영사학, 제24집 제1호, pp. 9-45.

[16] Peter F. Drucker(1973), *Management : Tasks, Responsibilities, Practices*, Harper & Row pub.

[17] 이용모·윤지웅·박형준·송민혜·김동현·김예승·이호규·박범준·문지상, 대학 창업문화 확산 제고 방안 연구(정책연구 2015-25), (사)한국정책학회 2016년 2월 2일 최종제출, 미래창조과학부.

[18] George C. Allen(1961), *The Structure of Industry in Britain*, London : Longman.

[19] 허정국(2000), 우리나라 창업교육의 실태와 체계화 방안에 관한 연구, 경남대학교 석사학위논문.

[20] Peter F. Drucker(1985), *Innovation and Entrepreneurship Practice and Principles*, New York : Harper & Row.

[21] 김재식(1997), 상업교육의 변화추세에 관한 연구, 경영교육논총, 제13권, pp. 67-93.

[22] 백형기(1999), <벤처기업 창업과 경영전략>, 미래와경영.

[23] 김종찬(2008), 대학 창업교육 활성화방안 연구, 경북전문대학 논문집, 제27집, pp. 129-159.

[24] 차우준(2018), <우리의 일자리는 어디에 있는가?>, 내하출판사, p. 28.

[25] 차우준(2018), 국내 기술창업자들의 창업 성공과정 분석 : 근거이론적 접근, 지역정책연구, 제29권 제1호, pp. 101-139.

[26] 김동열(2015), 창업 관련 국민의식 변화와 시사점, 현대경제연구원 현안과제, 제15-36호.

[27] https://www.cbinsights.com/research-unicorn-companies, 검색일 : 2018년 12월 16일.

[28] 조지프 슘페터, <경제발전의 이론(Theorie der wirtschaftlichen Entwicklung)>, 박영호 역(2012), 지식을 만드는 지식, p. 306.

[29] 차우준(2018), <우리의 일자리는 어디에 있는가?>, 내하출판사, p. 191.

[30] NAVER 지식백과, 검색어 : 바젤은행감독위원회, 검색일 : 2019년 1월 1일.

[31] NAVER 지식백과, 검색어 : 국제결제은행, 검색일 : 2019년 1월 1일.

[32] NAVER 국어사전, 검색어 : 신용리스크, 검색일 : 2019년 1월 1일.

[33] NAVER 국어사전, 검색어 : 시장리스크, 검색일 : 2019년 1월 1일.

[34] NAVER 국어사전, 검색어 : 운영리스크, 검색일 : 2019년 1월 1일.

[35] 박노국·황정희(2014), <기술사업화 기술금융 길잡이>, 이프레스.

[36] 차우준(2018), <우리의 일자리는 어디에 있는가?>, 내하출판사, p. 159.

[37] 차우준(2018), <우리의 일자리는 어디에 있는가?>, 내하출판사, p. 156.

[38] https://blogs.nvidia.co.kr/2016/08/03/difference_ai_learning_machinelearning, 검색일 : 2019년 3월 16일.

[39] https://jayzzz.tistory.com/57, 검색일 : 2019년 3월 16일.

[40] 전상원(2015), 국내의 휴머노이드 로봇, 전자공학회지, 제42권 제12호, pp. 18-25.

[41] 이승민(2018), 자율주행자동차 최근 동향 및 시사점, 정보통신기술진흥센터 주간기술동향, 제1842호, pp. 16-25.

[42] NAVER 지식백과, 검색어 : 트롤리 딜레마, 검색일 : 2019년 3월 24일.

[43] en.wikipedia.org, 검색어 : Cyber-physical system, 검색일 : 2019년 3월 30일.

[44] ko.wikipedia.org, 검색어 : 3차원 인쇄, 검색일 : 2019년 3월 31일.

[45] Kaufui V. Wong, Aldo Hernandez(2012), *A Review of Additive Manufacturing*, ISRN Mechanical Engineering, Volume 2012, Article ID 208760, 10 pages.

[46] en.wikipedia.org, 검색어 : Numerical control, 검색일 : 2019년 4월 3일.

[47] Armando Salim Munoz-Abraham and et al.(2016), *3D Printing of Organs for Transplantation : Where Are We and Where Are We Heading?*, Current Transplantation Reports, Volume 3, pp. 93-99.

[48] 임현식(2014), 양자컴퓨터, 물리학과 첨단기술, 제23권 제10호, pp. 12-16.

[49] 나무위키, 검색어 : 양자컴퓨터, 검색일 : 2019년 4월 9일.

[50] 박보야나(2015), 영화 가타카(GATTACA)가 현실로! 맞춤형 아기 시대의 도래, 과학기술정책연구원 FUTURE HORIZON, 제25호, p. 2.

[51] 중소벤처기업부·중소기업기술정보진흥원·NICE평가정보(주), 중소기업 기술로드맵 2018-2020 : 스마트공장.

기술보증기금·기술금융기관 채용대비 : 논술&면접
기술경제와 경제발전

발행일 | 2019년 9월 20일

발행인 | 모흥숙
발행처 | 내하출판사

저자 | 차우준

주소 | 서울 용산구 한강대로 104 라길 3
전화 | 02) 775-3241~5
팩스 | 02) 775-3246

E-mail | naeha@naeha.co.kr
Homepage | www.naeha.co.kr

ISBN | 978-89-5717-513-2 (93320)
정가 | 15,000원

이 도서의 국립중앙도서관 출판예정도서목록(CIP)은 서지정보유통지원시스템 홈페이지(http://seoji.nl.go.kr)와
국가자료공동목록시스템(http://www.nl.go.kr/kolisnet)에서 이용하실 수 있습니다.(CIP제어번호: CIP2019032426)